墨香财经学术文库

U0674654

教育经历的市场回报研究

基于留学教育、高校第二课堂和继续教育的视角

Market Return of Education Experience

From the Perspectives of Overseas Education, Second
Classroom Activities in College and Continuing Education

孙榆婷　著

东北财经大学出版社
Dongbei University of Finance & Economics Press

大连

图书在版编目（CIP）数据

教育经历的市场回报研究：基于留学教育、高校第二课堂和继续教育的视角 /
孙榆婷著. —大连：东北财经大学出版社，2024.9
（墨香财经学术文库）
ISBN 978-7-5654-5056-3

Ⅰ.教…　Ⅱ.孙…　Ⅲ.教育-影响-居民收入-收入差距-研究-中国　Ⅳ.①F126.2
②G52

中国国家版本馆CIP数据核字〔2023〕第255753号

东北财经大学出版社出版发行

　大连市黑石礁尖山街217号　邮政编码　116025
　　网　　址：http://www.dufep.cn
　　读者信箱：dufep@dufe.edu.cn
大连永盛印业有限公司印刷

幅面尺寸：170mm×240mm　　字数：160千字　印张：11.25　插页：1
2024年9月第1版　　　　　　2024年9月第1次印刷
责任编辑：时　博　　　　　　责任校对：那　欣
封面设计：原　皓　　　　　　版式设计：原　皓
定价：58.00元

本书由"东北财经大学'双一流'建设项目高水平学术专著出版资助计划"资助出版

前言

　　改革开放以来，我国经济保持着长期和持续的高速增长，创造了全球工业化以来的增长奇迹。相伴而来的是，劳动者收入迅速增加。然而，在我国经济发展不断向好、居民的收入水平得到显著提高的同时，我们也需注意到我国居民的人均收入水平仍远远落后于发达国家。如何提高居民的平均收入水平、迈过"中等收入陷阱"进入高收入国家行列，成为近年来我国的重要议题。其中，教育作为提升人力资本的有效途径，在提升劳动者生产力、提高居民收入、促进经济长期稳定发展等方面扮演着重要角色。一直以来，我国政府都高度重视教育事业的发展，对教育产业的投入也逐年加大，并将加强教育投资作为推进国家经济可持续发展的核心组成部分和增强综合国力、提高国际竞争力的重大战略措施。因此，探讨我国的教育回报问题，尤其是明晰当前我国教育回报的结构特征和变化趋势，有利于我国政府选择更有效的公共教育支出政策，提高教育资源的配置效率，确保我国教育事业的科学发展，从而长期保证居民收入的稳步提高和经济的平稳、可持续发展。由此可见，对教育回报的研究具有重要的现实意义和很强的政策含义。

在我国，关于教育回报率的研究还处于不断发展和完善阶段，主要关注教育年限、各学历水平、某教育程度的地区普及率的影响，且大多是课堂教育形式的回报问题，对有关同层次的高等学历下不同教育形式的对比研究和课堂外的教育经历的研究涉及较少。同时，随着出国留学热的持续升温、"第二课堂成绩单"制度的全面铺开，以及学习型社会的构建，上述相关问题的重要性凸显。鉴于此，本书采用我国多项微观调查数据，从留学教育、高校第二课堂和继续教育三个方面，通过严谨的计量分析，研究教育经历的个人回报。

本书共分为7章，从留学教育、高校第二课堂和继续教育的角度出发，研究我国劳动力市场上的教育回报问题。各章的主要内容安排如下：

第1章介绍了本书的研究背景、研究意义、研究内容、行文思路、研究方法，以及主要创新点等。

第2章回顾了国内外研究进展，包括教育回报的相关理论（人力资本理论和信号理论）和主要研究方法，以及海外留学经历对个人和社会经济等方面的影响、高校第二课堂对个人相关表现的影响、成人教育对个人诸多方面的影响，以及职业培训的相关文献。

第3章分析了"海归"的收入和职业选择问题。近年来，在全球经济、文化加速一体化的背景下，出国留学热持续升温，因此，分析出国留学经历在我国劳动力市场的经济价值，具有很强的现实意义。基于匹配后的数据进行分析，我们的结果在不同的模型设定和估计方法（代理变量、工具变量）下都非常稳健。本章主要发现，相比本土研究生，"海归"研究生的年收入显著高出约20%，年工作时长高出140小时，小时收入高出32%。从人力资本理论和信号理论出发，本章分析了"海归"研究生学历获得更高收入溢价的成因，发现"海归"研究生的较高收入是信号效应和人力资本效应共同作用的结果，但人力资本效应占主导地位。此外，"海归"研究生更多从事高收入的技术类和商业/服务类职业，在单位类型上更倾向于高收入的外资类企业。然而，对本科毕业生来说，本科"海归"在收入、工作时长、职业和单位类型选择上与本土本科无显著差别。同时，同等学历下，研究生"海归"更容易获得更高的职位。

第4章从社团参与和社团干部的角度出发，研究了高校第二课堂参与对大学毕业生起薪的影响。人才的培养离不开第一课堂与第二课堂的有机结合，第二课堂有利于学生增强身心健康、扩大知识面以及培养自身能力等，具有第一课堂无法替代的作用。因此，了解第二课堂对学生培养和发展的影响，对制定更精准、有效的措施发挥第二课堂的作用具有较强的政策含义。本章研究发现，社团参与经历可以显著提高大学毕业生的起薪，提高幅度大约为10%，且社团干部经历会进一步增加这一收入溢价（约7%）。从人力资本和（或）信号效应、实习渠道和社会资本渠道来分析高校第二课堂对收入影响的作用机制，社团参与对收入的正向作用主要是通过更容易获得实习经历而体现的；而社团干部的收入效应主要是因为社团干部经历提高了学生的人力资本。此外，社团参与的收入回报会随其数量、时间等因素而变化，具体而言，适时适量地参与社团对起薪的提高效果最好，过时过量反而会削弱其正向作用。同时，社团参与和社团干部的收入溢价在不同学校和专业之间，以及不同收入水平上存在差异。

第5章研究了成人高等教育（专科和本科）对个人收入和职业选择的影响。伴随着学习型社会的建设，"全民学习、终身学习"的氛围渐浓，成人高等教育是成人学习的重要途径和提高成人群体综合素质的有效手段。了解成人高等教育对个人收入和人力资本提升的影响，对政府制定相关政策、高校进行教育改革等均具有重要意义。研究发现，成人高等教育的收入回报为正；但相比于普通专科生，成人专科生的职业性收入显著低17%，总收入显著低19%；相比于普通本科生，成人本科生的职业性收入显著低20%，总收入显著低21%。本章进一步从人力资本理论和信号理论的角度分析成人高等教育与普通高等教育的收入差距的成因，发现成人专科学历的收入劣势是人力资本效应的结果；而成人本科生的较低收入是信号效应和人力资本效应共同作用的结果，但人力资本效应占主导地位。此外，从职业选择上看，成人本科生更少从事技术类职业，成人专科生在职业类型选择上与普通本科生无显著差别，而且收入差距分解结果显示，成人教育毕业生与普通教育毕业生的收入差距绝大部分来源于职业内部的收入差异，来源于职业间的收入差距较小。本章还将成人教育的收入回报与同样注重技能提高的培训的回报进行比较，发现相比于培训，成人本科的回报较高，而成人专科的回报却较低。

第6章关注了人力资本投资的重要形式——职业培训，对外来务工人员工资性收入的影响。外来务工人员是推动中国劳动力市场发育的一支重要力量，如何提高外来务工人员的素质和劳动技能，已成为学术界和社会各界讨论的热点问题。由于本章所面临的一个关键问题是参与培训的内生性问题，为解决该问题，本章首先为每一个参与培训者匹配出一个未参与培训样本，然后对匹配的样本进行计量分析，该方法可以降低结果对所选取的工具变量和计量模型的依赖。而本章的实证结果也显示，基于匹配后的数据，本章的结论在不同的模型设定和估计方法下都非常稳健。具体而言，研究发现：职业培训可以显著提高外来务工人员的工资收入5.2%左右；并且，当培训类型为与工作技能相关的培训或其他培训、培训时间大于90天的正规培训，以及自费培训时，培训的收入溢价更高；当外来务工人员的职业为办事人员、服务业和生产运输业人员，或者从事第一、二产业和第三产业中的服务业时，相比于未参与培训者，培训参与者的收入显著更高。本章的研究为职业培训的市场回报提供了经验证据，为政府制定相关政策、培训机构进行教育改革以及社会大众做出培训决策提供一定的参考，具有很强的现实意义。

第7章对全书进行了总结，并提出相应的政策建议，还指出本书的不足之处和今后研究的方向。

本书的创新主要体现在3个方面：研究数据、研究视角、研究方法。具体阐述如下：

第一，目前国内关于留学教育、高校第二课堂和成人高等教育的研究涉及较少，其重要原因就是数据的限制。而本书采用了中国家庭金融调查（CHFS）2017年数据和中国综合社会调查（CGSS）2015年的数据，这两个全国性的微观调查数据具有抽样科学、代表性强、样本量大的特点，所得结论更具普遍意义。同时，这两项调查分别契合了我们研究海外学历和成人高等教育学历的收入回报问题的需要。此外，本书采用首都大学生成长追踪调查（BCSPS）2009—2011年的面板数据研究高校第二课堂对大学毕业生起薪的影响，此数据在研究大学生的相关问题上具有很强的代表性，为本书研究高校第二课堂提供了可靠的识别基础。

第二，在研究视角方面，本书的选题比较新颖。首先，本书分析了本土教育和海外教育（本科及以上）、成人高等教育和普通高等教育（专科和本科）在收入回报和人力资本提升上的差距。国内已有对高等教育经历回报的研究中，往往忽略了学历的不同取得方式对收入和人力资本积累的影响差异，因此本书的研究具有一定的创新性。其次，本书将研究视角从课堂教育转换到课堂以外的教育经历上（第二课堂），对第二课堂在人力资本积累和收入提高方面的作用进行了分析，为国内的研究提供了新的研究方向。因此，在我国目前的经济发展和教育现状的背景下，本书的研究结论具有很强的现实意义和政策含义。

第三，在研究方法方面，本书针对各章不同的研究内容，采用了相应的合适的研究方法。特别地，本书应用了比较新的计量方法——基于匹配后的数据进行分析的方法，对教育的回报问题进行了分析，尤其是"海归"和职业培训的收入效应问题，从而使得到的结果更加稳健。此外，据我们所知，国内已有文献在研究留学教育和成人高等教育的收入回报问题时，均未涉及对内生性问题的解决，本书则采用合理的工具变量对留学教育和成人高等教育潜在的内生性问题进行了考虑。并且，在研究成人高等教育的回报问题时，本书采用了布朗分解法来区分成人高等教育和普通高等教育在职业间和职业内的收入回报差距，进而可以了解两种教育形式的收入差距来源。

孙榆婷

2024 年 8 月

目录

1 绪论 / 1

    1.1 研究背景与意义 / 1

    1.2 研究内容和思路 / 5

    1.3 研究方法 / 8

    1.4 创新点 / 10

2 文献综述 / 12

    2.1 教育回报概述 / 12

    2.2 留学教育的影响的研究 / 19

    2.3 第二课堂的影响的研究 / 22

    2.4 成人教育的影响的研究 / 26

    2.5 职业培训的影响的研究 / 30

3 出国镀金，回国高薪？ / 32

    3.1 引言 / 32

3.2 数据与描述统计 / 36

3.3 计量方法 / 40

3.4 "海归"收入分析 / 44

3.5 职业、单位选择与职务晋升 / 56

3.6 本章小结 / 63

4 高校第二课堂与大学毕业生起薪 / 65

4.1 引言 / 65

4.2 数据和描述性统计 / 69

4.3 社团参与的收入效应分析 / 74

4.4 社团参与对起薪的影响渠道 / 85

4.5 稳健性检验 / 93

4.6 本章小结 / 98

5 成人高等教育与个人收入 / 100

5.1 引言 / 100

5.2 文献综述 / 102

5.3 数据与变量 / 104

5.4 成人高等教育的收入效应分析 / 108

5.5 稳健性检验 / 124

5.6 本章小结 / 127

6 职业培训的收入效应分析 / 131

6.1 引言 / 131

6.2 数据与变量 / 134

6.3 计量方法 / 137

6.4 职业培训对外来务工人员收入的影响 / 140

6.5 本章小结 / 148

7　研究结论与政策建议／150

　　7.1　研究结论／150

　　7.2　政策建议／152

　　7.3　研究的不足和研究展望／155

参考文献／157

索引／168

1 绪论

1.1 研究背景与意义

改革开放以来，我国经济保持着长期、持续的高速增长，GDP总量已跃居世界第二，创造了全球工业化以来的长期增长奇迹。国家统计局发布的《中华人民共和国2022年国民经济和社会发展统计公报》（以下简称《公报》）显示，即使在2022年面对风高浪急的国际环境、疫情的不断冲击，我国经济仍保持了3.0%的增长速度。按年平均汇率折算，2022年我国GDP达18万亿美元，占世界经济的比重约为18%，比5年前提高3%左右。伴随着我国经济的高速发展，劳动者的收入也迅速增加。《公报》显示，2022年全国居民人均可支配收入36 883元，比上年实际增长5.0%。

在我国经济发展不断向好、居民的收入水平得到显著提高的同时，我们也需注意到我国居民的人均收入水平仍远远落后于发达国家水平。[①]如何提高居民的平均收入水平、迈过"中等收入陷阱"进入高收入国家行列，成为近年来我国的重要议题。党的二十大将"人均国内生产总值迈上新的大台阶，达到中等发达国家水平""居民人均可支配收入再上新台阶，中等收入群体比重明显提高"等作为到2035年的总体目标，并提出了"居民收入增长和经济增长基本同步，劳动报酬提高与劳动生产率提高基本同步"，作为主要目标任务之一。同时，党的二十大在"实现全体人民共同富裕"的部署中，也将"提高人力资本水平"作为重要途径。这是因为人力资本在完善的市场机制下对收入分配起决定性作用（Yang，2004），是提高国民素质、增强综合国力的重要因素。众多文献已关注了人力资本对收入水平及增长的决定性作用，包括理论研究中最具代表性的内生增长理论（Schultz，1961；Romer，1986），以及实证研究中的大量分析（Mincer，1974；Schoellman，2012）。

教育作为积累人力资本的有效途径，可以通过提高劳动力的质量和生产力来促进个人收入的增长，并在保持科技竞争优势、促进经济的长期平稳和可持续发展，以及引领中国成功跨越"中等收入陷阱"等方面扮演着重要角色。当今世界，几乎所有国家都把加强教育投资作为推进国家经济可持续发展的核心组成部分，并作为增强综合国力和提高国际竞争力的重大战略措施，我国也不例外。根据国家统计局统计的数据，我国对教育产业的投入逐年加大（如图1-1所示），2021年，国家财政性教育经费首破4.58万亿元，比上年增长6.76%，且国家财政性教育经费占国内生产总值的比例为4.01%。

显而易见，教育事业的发展与居民人力资本的提升、收入的提高和经济的发展紧密相连，是关系到国计民生的大事。探讨我国的教育回报问题，尤其是明晰当前我国教育回报的结构特征和变化趋势，有利于我国政府制定更有效的公共教育支出政策，提高教育资源的配置效率，确保我国教育事业的科学发展等，从而在长期上保证居民收入的稳步提高，以及经济的平稳、可持续发展。因此，对教育回报的研究具有重要

[①] 根据世界银行的统计数据，2021年，我国人均国民总收入达到11 890美元，由2012年的第112位上升到2021年的第68位。虽然人均国民总收入不等同于人均收入，但是人均国民总收入的世界排名可以在一定程度上反映居民的人均收入水平的世界排名。

的现实意义和很强的政策含义。

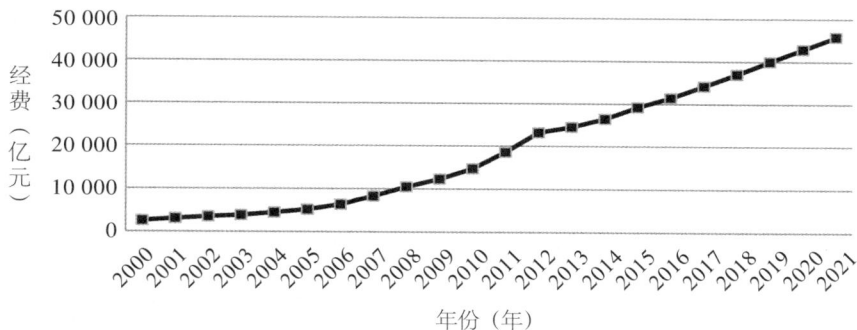

图 1-1 2000—2021 年的国家财政性教育经费统计

注：数据来源于国家统计局统计的数据。

教育的重要性已得到国家政府和社会各界的一致认可，同时，关于教育回报率的问题也已引起学术界的普遍关注。然而，在当前我国关于教育回报率的研究中，教育指标主要集中于教育年限、各学历水平、某教育程度的地区普及率，且大多是课堂教育形式的回报问题，有关同等学历下不同教育形式的对比研究和课堂外的教育经历的研究较缺乏。而且，在对比同等学历下不同教育形式的研究中，也主要集中于职业教育和中学教育的回报对比，对同层次的高等教育学历下的不同教育形式的对比研究寥寥可数。从政策应用的角度来看，研究同层次的高等教育学历下的不同教育形式的回报差距和在人力资本积累方面的差别，以及分析课堂以外的教育经历的回报及其作用机制，有利于深入了解我国各类教育形式的回报问题。这不仅能为个人的教育选择提供参考，从而更好地促进个人的发展和人力资本的提升，还能为政府制定更精准、有效的措施及出台相关政策来优化教育改革提供参考，从而进一步提升教育质量和优化教育结构等。鉴于此，本书采用我国多项微观调查数据，从留学教育、高校第二课堂和继续教育三个方面，通过严谨的计量分析，研究教育经历的个人回报。

本书将研究视角关注在留学教育、高校第二课堂和继续教育的问题上，具有重要的现实意义、政策意义和理论意义。首先，近年来，在全球经济、文化加速一体化的背景下，出国留学热持续升温，出国镀金的现象越来越普遍，渐渐从精英化走向大众化。教育部统计的数据显示，进入21世纪以来，我国出国留学人数迅猛增长，而其中9成以上是自费留学，皆需支付高昂的留学费用。中国家庭金融调查2015年的数据显示，2015年约有9.62%的学生正在国外留学，而这一比例未来可能超过20%。与此同时，越来越多的中国留学生在毕业后选择回国工作，根据教育部统计数据，进入21世纪后，我国海外留学生回国人数的平均年增速达到20%以上。因此，在出国热持续升温和回国人数持续增长的背景下（如图1-2所示），分析海外学历相比于本土学历在我国劳动力市场的经济价值不仅可以为海外学历的市场回报提供经验证据，还可以为政府制定相关的留学政策以及为社会大众的留学决策提供一定的参考，具有很强的现实意义和政策意义。

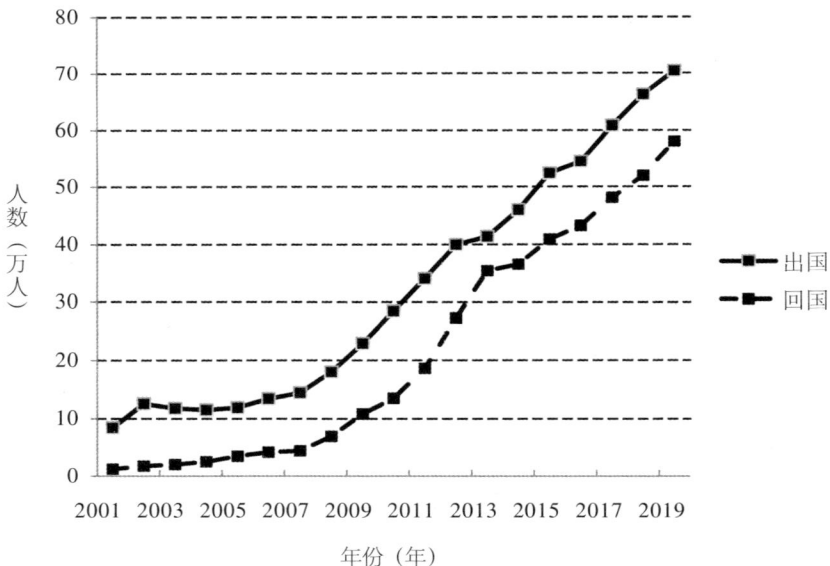

图1-2　2000—2019年的出国人数和回国人数统计

注：数据来源于中国教育部统计的数据；出国人数是指我国各类出国留学人员总数；回国人数是指各类留学回国人员总数。

其次，高校第二课堂对于提高学生综合素质、引导学生适应社会、促进学生成才就业，具有特别重要的意义。近年来，国家高度重视第二课堂的作用。2014年团中央在部分地区、大学探索打造高校学生"第二成绩单"；2016年共青团中央、教育部联合印发的《高校共青团改革实施方案》中提出要实施高校共青团"第二课堂成绩单"制度，此制度已于2017年在高校全面铺开。然而，社会大众对于第二课堂的看法却出现了分歧①。鉴于高校第二课堂已受到国家的高度重视，而且它对学生培养和发展的影响的分歧意见也越来越成为社会大众讨论的焦点，因此，分析和了解第二课堂对学生培养和发展的影响，对社会大众正确认识高校第二课堂，以及对政府精确制定相关政策引导大学生的发展提供了参考，具有重要的现实意义和政策意义。本章的研究也为后续研究提供了参考。

最后，随着经济的发展和科技的进步，知识更新的频率加快，学习型社会的构建对于国家、社会和人民群众的重要意义日渐凸显。党的十九大报告指出，要"办好继续教育，加快建设学习型社会，大力提高国民素质"；党的二十大报告中也提到"建设全民终身学习的学习型社会、学习型大国"。成人教育和职业培训作为继续教育体系的重要组成部分，在促进成人群体的人力资本积累和收入增长等方面具有不容忽视的作用。鉴于成人高等教育和职业培训的重要性和其质量下降的现状，思考成人高等教育和职业培训的未来定位，以及如何进行成人高等教育和职业培训改革，从而提高其教育质量的需求，越来越迫切。

1.2 研究内容和思路

本书共7章。第1章是绪论；第2章是文献综述；第3章研究海外留学教育对个人收入的影响；第4章研究高校第二课堂对大学生起薪的影响；第5章研究成人高等教育对个人收入的影响；第6章分析了外来务工人员的职业培训的收入效应；第7章对本书的发现进行总结，提出政策建议，并指出未来的研究方向。具体而言，各个章节的内容如下：

第1章绪论部分阐述了我国经济发展的现状和教育在人力资本积累、收入增长和经济发展中的重要性，以及本书主要关注的3种教育经

---

① 例如，部分雇主重视第二课堂参与度，并对有此经历的应届毕业生优先录取；而在部分招聘者眼中，应聘者的社团参与和学生干部经历都是减分项。

历——留学教育、高校第二课堂、继续教育——的现状和重要性。此外，我们也在该部分介绍了本书的研究内容和思路、研究框架、研究方法和研究创新点等。

第2章回顾了国内外相关文献及研究进展。首先，对教育回报的相关理论（人力资本理论和信号理论）和主要研究方法进行了梳理。其次，本章梳理了海外留学教育的相关文献，包括留学教育对个人收入的影响、对劳动力市场其他表现和学术领域表现的影响，以及对社会与经济的宏观作用。之后，我们进一步梳理了第二课堂的相关文献，包括第二课堂对个人收入的影响，以及对学业成就、不良行为和其他表现的影响。再次，我们对成人教育的相关文献进行了梳理，包括成人教育对个人收入、劳动力市场的其他表现的影响，以及对自身能力和资本培养的影响。最后，本章还在一定程度上对培训效果的相关文献进行了梳理。

第3章研究"海归"的收入问题。利用中国家庭金融调查2017年的数据，本章分析了"海归"（本科和研究生毕业生）的收入和职业选择问题。由于家庭背景变量的遗漏而导致的内生性问题，本章利用代理变量、工具变量等方法对其进行分析说明，验证了结果的稳健性。其次，由于国内外教育不尽相同，在对人力资本提升和信号发送方面存在差别，本章利用人力资本理论和信号理论对"海归"的收入溢价现象进行分析。此外，本章还对"海归"的劳动供给情况进行研究，这也可能是引起收入差距的原因。最后，考虑到"海归"的职业选择、职务晋升和单位选择均会进一步影响其收入水平，因此，本章还对"海归"在这三方面的表现进行了分析。

第4章分析了高校第二课堂对大学毕业生起薪的影响。本章利用首都大学生成长追踪调查2009—2011年的面板数据，从社团参与和社团干部的角度出发，实证研究了高校第二课堂参与对大学毕业生起薪的影响。由于社团参与（或社团干部）可能会通过积累人力资本或发送信号、提高获得实习经历的概率、增强社会资本而影响个人的收入，本章将从人力资本与（或）信号效应、实习渠道和社会资本渠道来分析社团参与（或社团干部）可能影响毕业生的起薪的渠道。其次，考虑到社团参与的收入回报会随其数量、时间等因素而变化，社团参与的效益不能一概而论，因此，本章还分别研究了社团参与数量和时间对毕业生起薪的影响。最后，本章还关注了社团参与（或社团干部）的收入回报在性别、学校、专业和收入水平间的差异。此外，在本章中，笔者还利用工具变量法考虑了社团参与的内生性问题，并采用倾向得分匹配方法、Heckman两步法，以及在回归中控制性格的代理变量的方法检验了正文结论的稳健性。

第5章研究成人高等教育对个人收入的影响。通过利用中国综合社会调查2015年的数据，研究了成人高等教育（专科和本科）对个人收入和职业选择的影响。已有国外对成人教育的研究主要集中于两个方面：一是比较成人时期再接受教育者与未再接受教育者的收入差距；二是比较成人时期接受教育和传统年龄接受同等教育的群体的收入差异。与已有文献相似，本章从此角度出发，研究我国成人高等教育与普通高等教育的收入回报差距，同时还对成人高等教育的收入溢价进行分析。由于成人高等教育和普通高等教育在人力资本培养和在劳动力市场的信号发送上存在差异，这可能是引起两种教育形式的收入回报存在差距的原因，本章对此进行了分析和解释。并且，考虑到不同职业间的收入存在差距，进入不同的职业也会影响个人的工资收入，因此本章还考察了成人高等教育和普通高等教育的毕业生在职业选择上的不同，并利用布朗分解法进一步探究两种不同教育类型的收入回报差异是否来自于职业分布。此外，成人高等教育比较注重提升个人的技能，那么与同样注重技能提高的培训相比，成人教育的教育回报是否更高？笔者在本章也对此进行了回答。最后，笔者还分析了成人高等教育回报在性别和地区间的差异。此外，本章还利用工具变量法考虑了成人高等教育的内生性问题，并采用倾向得分匹配方法、Heckman两步法，以及采用不同的被解释变量指标，检验了正文结论的稳健性。

第6章研究了职业培训的收入效应。由于在研究职业培训的收入效应时，所面临的一个关键问题是参与培训的内生性问题，为解决该问题，本章首先为每一个参与培训者匹配出一个未参与培训样本，然后对匹配的样本进行计量分析，该方法可以降低结果对所选取的工具变量和计量模型的依赖。而本章的实证结果也显示，基于匹配后的数据，本章的结论在不同的模型设定和估计方法下都非常稳健。并且，由于不同类型的培训的效果可能存在差异，本章将培训类型细分，并对比其收入效应差异。最后，笔者还分析了职业培训回报在职业和行业间的差异。

第7章是本书的结论，总结了留学教育、高校第二课堂，以及成人高等教育和职业培训对个人收入的影响，并提出相应的政策建议，包括进一步实施鼓励出国留学的相关政策；保障第二课堂成绩单制度的顺利实施；加强终身教育立法，完善相关制度，保障终身教育体系的有效构建等。最后还指出了本书的不足和未来的研究方向。

1.3　研究方法

论文主要是从实证的角度对第3至第6章的命题进行研究，根据关注的问题和所用数据的不同，虽然各章节主要用到的方法略有差异，但总的来说主要包括以下几种：

（1）基于匹配的数据进行回归分析的方法。实证分析中存在两个常见的问题：一是实证结果有较强的模型依赖性，即利用不同的模型拟合数据将得到不同的结果；二是所应用的数据中，控制组与实验组在各方面差别较大，所关注的变量与其他变量（可观测和不可观测）存在明显的关系。因此，类似于 Ho 等（2007）的做法，可以先利用匹配的方法得到对照组和实验组的匹配数据，然后再对匹配的样本进行计量分析（OLS/IV）。此方法可以提高对照组和实验组的可比性，以及降低估计结果对所选取的工具变量和计量模型的依赖，从而得到更加稳健的结果。

（2）工具变量法。虽然本书已经尽可能地对个体特征变量进行控制，但仍存在因遗漏变量而导致的内生性问题，如常见的能力偏误。也就是说，存在一些遗漏变量既与个体是否选择出国留学、参与社团或接受成人高等教育有关，又与个人的收入相关。在此情况下，利用 OLS 估计收入方程所得到的结果将是有偏且非一致的。为了克服潜在的内生性问题，笔者使用工具变量法。具体而言，在第3章中，选取各省出国留学的比例、各省新东方数量/各省人均生产总值和四次人口普查中各省在国外人数的比例均值作为海外学历的工具变量；在第4章中，选取学校社团活动氛围和学院社团活动氛围作为社团参与的工具变量；在第5章中，选取县/区成人高等教育的均值作为成人高等教育的工具变量。

（3）中介分析的逐步法。由于解释变量（出国留学、社团参与和成人高等教育）可能会通过影响某些变量（如个人其他方面的特征和行为）从而间接地影响个人收入，且在收入方程中，我们不能直接控制这些渠道变量，因此，为考察解释变量如何通过影响这些渠道变量从而对个人收入产生影响，常用的方法就是中介分析的逐步法。此时，若此影响渠道存在，那么解释变量对渠道变量具有显著的影响；并且，在将渠道变量放入收入方程中后，渠道变量对收入存在显著的效应，且解释变量对收入的影响的大小和显著性应有所下降。

（4）分位数回归和分组。考虑到，在不同收入水平上，社团参与或社团干部对毕业生起薪的影响可能存在差异，笔者拟使用分位数回归的方法来进一步分析社团参与或社团干部的收入溢价，选取的9个分位点为10%、20%、30%、40%、50%、60%、70%、80%、90%。

在第4章至第6章，通过对样本进行适当的分组，笔者考察了社团参与（或社团干部）、成人高等教育和职业培训在不同群体中的收入回报。在计量上，我们只需把关键解释变量与分组变量进行交乘，然后将关键解释变量、分组变量以及交叉项同时放入回归方程，或是直接对总样本根据分组变量进行分组回归即可。

（5）Heckman两步法。在实证分析中，我们会面临样本选择问题。例如，由于并非所有人都从事工作、都有工作收入，我们所观察到的数据仅仅是就业的劳动者的收入数据。然而，工资的高低不仅取决于已就业的劳动者的特征，也受包括失业或选择不进入劳动力市场在内的群体的特性的影响。如果在估计时未对此情况进行考虑，那么选择方程的误差项与收入方程的误差项就有可能相关，从而导致由样本选择而引起的估计偏误。根据Heckman的研究，正确的处理方法是采用两步法，即由个体是否有工作的选择方程估计出个体有工作的概率，然后将Mills比率放入收入方程中进行回归。

1.4　创新点

　　本书从三种教育经历——留学教育、高校第二课堂和继续教育出发，严格考察了教育经历对个人收入的影响，在使用的数据、研究的选题和应用的分析方法方面，都有一定的创新之处。具体可以概括为以下几个方面：

　　第一，从数据来看，数据的代表性强。虽然留学教育、高校第二课堂和成人高等教育的重要性日益凸显，但国内相关方面的研究却比较缺乏，其重要原因之一就是数据的限制，而笔者利用可得的最合适的数据对相关问题进行了研究。其中，在研究留学教育和成人高等教育时，分别采用的是中国家庭金融调查 2017 年数据和中国综合社会调查 2015 年的数据，这两个全国性的微观调查数据抽样科学，样本具有代表性，获得了学术界的广泛认可。同时，两项调查问卷中分别包含了海外学历和成人教育学历的取得问题，这为本书进行相关的研究提供了基础。此外，在研究高校第二课堂时，本书采用的是首都大学生成长追踪调查 2009—2011 年的面板数据。由于是针对大学生的调查数据，它包含了有关大学生众多方面的详细信息，能够很好地反映大学生的各个方面，为研究高校第二课堂问题提供了可靠的识别基础。

　　第二，从研究的选题来看，本书的选题比较新颖。当前我国关于教育回报率的研究中，教育指标主要集中于教育年限、各学历水平、某教育程度的地区普及率，且大多是课堂教育形式的回报问题，有关同等学历下不同教育形式的对比研究和课堂外的教育经历的研究较缺乏。而且，对比同等学历下不同教育形式的研究，也主要集中于职业教育和中学教育的回报对比，对同层次的高等教育学历下的不同教育形式的对比研究寥寥可数。具体来说，首先，笔者分析了本土教育和海外教育（本科及以上）、成人高等教育和普通高等教育（专科和本科）在收入回报和人力资本提升上的差距。由于在国内已有对高等教育经历回报的研究中，往往忽略了学历的不同取得方式对收入和人力资本积累的影响差异，因此本书的研究具有一定的创新性。其次，本书将研究视角从课堂教育转移到课堂以外的教育经历上（第二课堂），并对第二课堂在人力资本积累方面的作用进行分析，为国内的研究提供了新的研究方向。此外，鉴于当前我国的出国留学热的现实、高校"第二课堂成绩单"制度的推行，以及构建学习型社会的大背景，本书的研究不仅在学术研究方面，在现实和政策背景上也具有一定的意义。

第三，从应用的分析方法来看，本书应用了比较新的计量方法——基于匹配后的数据进行分析的方法，对教育的回报问题进行了分析，尤其是海外学历和职业培训的收入效应问题。此方法详见于 Ho 等（2007）等。利用此方法对海外学历和职业培训进行分析的结果显示，实验组和控制组的可观测变量和一些不可观测变量更具有可比性，减少了结果对模型的依赖性，回归结果更加稳健。此外，据我们所知，在国内已有文献中，本书均是首次考虑了出国留学、社团参与和成人高等教育的潜在内生性问题的著作。如选取各省出国留学的比例、各省新东方数量/各省人均生产总值和四次人口普查中各省在国外人数的比例均值作为海外学历的工具变量，选取学校社团活动氛围和学院社团活动氛围作为社团参与的工具变量，以及选取县/区成人高等教育的均值作为成人高等教育的工具变量。在研究成人高等教育的回报问题时，笔者采用了布朗分解法来区分成人高等教育和普通高等教育在职业间和职业内的收入回报差距，为成人高等教育研究提供新的经验证据，进而可以了解两种教育形式的收入差距来源。

2 文献综述

2.1 教育回报概述

2.1.1 教育回报的基本理论

（1）人力资本理论

"人力资本"可以被定义为对生产有贡献的知识、技能、态度、能力和其他获得性特征（Goode，1959），它有两个主要的具有互补性的组成部分：早期能力（获得的或是先天的）和通过正规教育或工作培训等方面的投资而获得的技能（Blundell et al.，1999）。

人力资本理论领域于 1960 年正式形成，然而支持该领域的研究在过去的十年里一直在进行，为人力资本理论的形成和发展做出巨大贡献。其中，Mincer（1958）通过构造模型来检验个人收入不平等的性质和原因，率先运用人力资本投资的方法来研究收入分配问题。为了衡量正式和非正式两种主要类型的培训，该模型包含了多年的教育和多年的工作经验（用工人年龄来衡量）。并且 Mincer（1958）还阐述了教育和培训与个人收入及其变化之间的关系，包括随着年龄的增长，收入分布的变化情况，并考虑了职业之间的差异等。Fabricant（1959）研究了美国 1889—1957 年的生产力，他发现生产力数据的基础方法和假设常常使得无形资本投资被低估，从而高估了生产力。因此，他强调了无形资本（人力资本）的重要性，并建议创建一个新的指数，一个包括加权劳动力和资本投入的综合指数。Becker（1960）研究了美国大学毕业生的个人收入差距，通过建立人力资本投资均衡模型比较了大学和高中毕业生的收入差距。由于两组间的收入差距与上大学的成本有关，模型的均衡条件是人力资本投资的边际成本等于未来边际收益的贴现值，由此可以推导出大学教育投资的回报率。通过此模型，他系统阐述了人力资本生产、人力资本收益分配规律以及人力资本与职业选择等问题，为分析人力资本投资提供了重要的方法。并且，他认为教育和在职培训是人力资本投资的重要方式。1964 年，他的关于人力资本理论的专著的第一版出版（Becker，1964），特别描述了这种方法的应用。

现代人力资本理论的最终形成以 1960 年 Schultz 在美国经济学会上发表题为《人力资本投资》的就职演说为标志。他提出，人们获得的有用的知识和技能也是一种资本，而且在西方社会中，这种资本的增长远比传统物质资本快得多，它的增长很可能成为经济体系最显著的特征。并且，在促进国民收入增长的因素中，劳动力教育的估计存量增长速度几乎是可再生资本的两倍；美国 GDP 的增长速度远高于土地、人以及再生产性实物资本的增长速度，他认为这很可能是由人力资本投资而引起的。他还简要列举了提高人类能力的五类投资活动：①所有影响人们预期寿命、力量和耐力以及生命力的支出；②在职培训；③小学、中学和高等教育的正式教育；④非企业组织的成人学习项目；⑤为适应不断变化的工作机会的个人或家庭的迁徙。在此次演讲中，Schultz明确提出了人力资本的概念，并且对其性质、投资的内容与途径以及在经济增长中的作用等进行了阐述，标志着现代人力资本理论体系的正式创立。

随后，Denison（1962）利用总生产函数模型来解释美国的经济增长，从土地、劳动力和有形资本投入开始，并采用 Fabricant（1959）所用的指数构建方法进一步调整了劳动投入。此外，Denison（1962）构建的指数还对教育水平对工资率的影响进行了说明，从而解释了以往未被解释的经济增长的大部分原因，这一部分被称为传统经济投入未能解释的经济增长剩余部分。Schultz（1963）也提到了经济增长的剩余部分，他更直接地认为学校教育和知识进步是经济增长的主要来源，并且，人们可以通过对人力资本进行储蓄和投资，促进人均产出和经济增长。

（2）信号理论

在过滤理论、筛选假设和信号理论等一系列关于教育信号理论的论点出现后，又提出了在劳动力市场中教育的信号发送功能以及教育信号与工资收入间的调整和均衡，至此系统地形成了信号理论。

从根本上说，信号理论是关于减少双方之间的信息不对称（Spence，2002），它起源于 20 世纪 70 年代对逆向选择问题的研究。Spence（1973）关注了劳动力市场上的逆向选择问题，并提出了解决方法，成为信号发送理论的奠基者。研究的基本假设（Spence-Mirrorless 条件或 Single-crossing 条件）为：在劳动力市场上，存在信息不对称问题，即雇主不能完全了解应聘者的生产力等特征信息，但是应聘者的受教育程度可以向雇主显示出一定的自身生产力；并且，在教育成本一定的条件下，具有较高生产力的个人所获得的教育程度也会较高。基于此假设，Spence（1973）构建了教育信号模型。在该模型中，由于在竞争性的劳动力市场中存在着信息不对称问题，即劳动者相比于雇主更加了解自身的生产力等各项信息，因此雇主缺乏应聘者的质量信息，处于信息劣势。此时，应聘者将采取一些行为来降低信息不对称程度，如教育。具体而言，本身具有较高生产力的个体将通过某些高成本的行为，如接受更高程度的教育，将自己与那些生产力较低的个体区分开来，以此利用受教育程度来向雇主发送自身高生产力的信号，从而解决了雇主与应聘者间的信息不对称问题。由于本身生产力较低的个体不能承担更高教育的成本，教育的信号是可靠的。雇主通过观察劳动者的受教育程度，就可以了解不同劳动者的生产力情况，从而根据教育水平有效地将应聘者分配到合适的职位并支付相应的工资，逆向选择问题进而得以解决。

信号理论与人力资本理论形成鲜明对比，因为信号理论弱化了教育在提高工人生产率方面的作用，强调教育作为个体的不可观察特征的交流手段（Weiss，1995）：教育对个体的生产力影响很小，教育的功能是向外界发送个人固有生产力的信号；在劳动力市场存在信息不对称的情况下，雇主可将个体的教育水平作为个人生产力的替代指标，支付给具有较高教育水平者较高的工资。

2.1.2　教育回报的研究方法

对教育回报率进行估算的方法众多，如精确法、收入函数法、简捷法等，收入函数法所用的估算回归方程，是很多教育经济学经典文献普遍使用的方法。Mincer工资方程得到的教育回报率具有明确的经济含义且计算方法简便，因此国内外大部分学者均选择Mincer工资方程作为研究教育收益率的主要方法，本书的分析也主要采用此方程。因此，在接下来的部分，笔者仅对研究教育回报率的方法中的Mincer工资方程进行具体的综述。

Mincer工资方程由美国经济学家Mincer于1974年提出，用于研究受教育程度和工作经验对个体收入的影响。自Mincer工资方程提出以来，不同国家的学者根据现实情况和所研究的主题，在传统的Mincer工资方程的基础上进行扩展，加入研究所需要的控制变量，如性别、职业差异、行业差异、所有制差异和城乡差异等，并且Mincer工资方程中的教育指标可以为教育的绝对年限、相对年限、教育程度虚拟变量等等。在现有文献中，大多数学者采用普通最小二乘方法（OLS）对扩展后的Mincer工资方程进行估计。不过利用OLS估计方法会存在常见的计量问题，如遗漏变量（能力偏误）、样本选择性偏差、测量误差与异质性等，导致教育回报率的OLS估计结果是有偏的甚至非一致的。本节将对学者们如何处理这些常见的计量问题进行一个简单的总结。

（1）遗漏变量

研究教育对收入的影响时，不可能将所有影响收入的变量均纳入回归之中，由此可能产生的遗漏变量问题使得估计结果有偏且非一致的。本节以常见的能力偏误为例，进行说明如何从一般的OLS估计中剥离出这一因素。

首先，部分学者采用在回归中控制不可观测特征的代理变量来削弱变量遗漏问题，个人内在能力是常见的遗漏变量，学者们常采用高中考试成绩（Brewer et al.，1999）、IQ值（Blackburn and Neumark，1992）、AFQT成绩（Leigh and Gill，1997）和其他类似的能力考试的成绩作为不可观测的能力的代理变量，将能力代理变量放入Mincer工资方程后可以在一定程度上降低估计偏差。其中，Blackburn and Neumark（1992）利用IQ作为能力的代理变量，发现估计的教育回报率下降了。然而，很难找到一个合适的代理变量来全面衡量所遗漏的变量。

其次，采用工具变量法也是学者们解决遗漏变量问题（或其他问题）常用的方法，工具变量的关键是需要同时满足与随机误差项不相关但和解释变量（受教育水平）高度相关。在已有文献中，学者们利用众多不同的变量作为个人教育的工具变量，如是否有兄弟姐妹（Li and Luo，2004）、政治事件对个人教育程度的影响（Meng and Gregory，2007）、受访者所上高中与最近大学的距离及州内的公共学费水平（Kane and Rouse，1995）等等。在当前的计量经济分析中，工具变量法应用较广，但工具变量的选择比较困难。而且，如果工具变量选择不当，就有可能引发其他问题。

最后，就是利用双胞胎数据进行研究。同卵双胞胎的遗传基因完全相同，因此可以认为双胞胎的能力（和家庭背景）也相同，接下来利用固定效应模型，就可以消除能力（和家庭背景）对教育回报率的影响。在利用双胞胎数据估计真实的教育收益率上，做出开创性贡献的是Ashenfeilter and Krueger（1994）以及Ashenfeilter and Rouse（1998）。Ashenfeilter and Krueger（1994）在1991年的美国俄亥俄州的双胞胎节上收集了149对同卵双胞胎数据，并利用此数据采用OLS、组内差分和组内差分工具变量估计方法，研究教育的收益率。其中，他们使用的工具变量为双胞胎一方报告的有关另一方的教育年数。他们发现，OLS估计值（8.4%）低于组内差分估计值（9.2%），又低于组内差分工具变量估计值（16.7%）。进一步地，Ashenfeilter and Rouse（1998）利用1991年、1992年和1993年连续三年的调查数据，发现工具变量的差分估计的教育收益率（9%）略低于GLS估计结果，还发现家庭背景越好的个体教育的收益率越低。

总的来说，上述两项研究认为，OLS估计中并不存在显著的能力偏差。部分学者基于他国的双胞胎数据进行分析的结果支持他们的基本结论，如利用澳大利亚（Miller et al.，2006）、瑞典（Isacsson，2004）和英国（Bonjour et al.，2003）的数据进行的研究。但也存在着不同的结论，如利用中国（孙志军，2014）的数据进行的研究。上述研究结论存在差异的原因可能是不同时期、不同地区的能力偏差的影响不同。

然而，我们通常很难收集到双胞胎数据，而且还存在样本量较少的问题。另外，由于个人能力并非完全取决于基因，双胞胎间仍可能存在能力差异，从而导致固定效应模型不能完全消除能力偏差。

（2）样本选择偏差

样本选择偏差是指在样本选取时因被调查者或取样者的个人行为而引起的偏差。我们通常利用的数据为通过抽样调查得到的样本，因此观察到的仅是当前正在工作的劳动者的收入信息，对于因失业、家庭或身体等原因根本没有进入劳动力市场的群体根本观测不到他们的收入信息。其中，Heckman总结了两类偏差：一类是个体的自选择行为而导致的偏差，如家庭主妇选择不进入劳动力市场；另一类是取样者的选择偏差，如仅利用容易获得的就业者的数据进行分析。由于个体是否工作与个人的受教育程度有关，如果分析中仅包含有收入信息的样本数据，而将没有收入信息的样本排除在外，那么利用Mincer工资方程而得到的教育回报率有可能包含了个体的参与决策，从而导致估计结果有偏。常见解决选择性偏差的处理方法是Heckman（1979）提出的Heckman两步法。至今已有大量文献利用此方法对教育回报问题进行研究，在此不一一列举。

（3）测量误差

测量误差是指观测值和真实值之间的差异，它存在于被解释变量和解释变量中。例如，对被解释变量——工资变量来说，测量误差通常来自三个方面：一是如补贴或福利等非货币性质的所得，使得真实的工资收入低估；二是工资收入的指标，从理论上说，小时工资优于年工资或月工资数据，但通常搜集的数据都是以年为单位的，从而引起测量误差，如可能导致教育收益率被低估（Li，2003）；三是由于被调查者并未报告自己真实的工资收入。此时，若工资变量的测量误差与受教育水平正相关，那么利用OLS估计教育收益率所得结果就是有偏和非一致的。解释变量（受教育水平）也可能存在测量误差，如根据个人的学历推算其受教育程度时，由于存在学制的差异，或留级、跳级、辍学等情况，根据一般经验所计算得到的受教育程度可能存在测量误差，且受访者还有可能并未报告自己的真实受教育水平。因此，解释变量的测量误差也有可能导致估计结果的有偏。

解决测量误差最根本的方法在于尽可能在调查中收集准确的信息，而在研究过程中，学者们通常使用工具变量来解决测量误差问题，如将是否存在亲兄弟、亲兄弟的数量以及父亲和母亲的教育水平作为女性教育程度的工具变量，Li and Luo（2004）发现工具变量法得到的教育收益率高于OLS估计结果，他们认为测量误差可能是导致我国农村教育收益率低估的重要原因。

（4）异质性

异质性是指教育收益率在不同群体中存在差异，简单或常见的解决方法是根据所研究的问题，将样本进行分组或加入教育变量与分组变量的交叉项。其他用来解决异质性问题的方法有：①非参数估计法，如Henderson等（2011）采用非参数回归方法对异质群体的教育收益率进行了估计，发现教育收益率在不同种族、是否移民和年龄间存在差异。②多层模型的方法，此方法可以处理教育收益率在不同情况下的变异。例如建立一个以劳动者为第一层，而所在地区为第二层的两层模型，这样可以假定教育收益率在地区内相同，而在地区间不同。其中，Naderi and Mace（2003）利用两层模型分析了伊朗制造业的教育收益率，他们发现职工的教育收益率在平均人力资本存量较高的企业中较高。在国内文献中，王海港等（2007）利用1995年和2002年的城镇住户抽样调查数据，并构建以个体、城市和省份为各层次的分层线性模型重新估计了我国城镇居民的教育收益率。与OLS估计结果不同，他们发现我国城镇居民的教育收益率的地区差异主要来源于省内各城市之间，来源于省间的差别并不显著。③分位数回归方法，此方法可以估计位于收入分布不同位置的群体的教育收益率差异。如Martins and Pereira（2004）利用20世纪90年代中期美国和15个欧洲国家的数据来研究教育收益率，发现高收入群体的教育收益率高于低收入群体。

2.2　留学教育的影响的研究

2.2.1　留学教育对收入的影响

现有文献中关于"海归"的收入的研究相对较少，且主要关注"海归"的早期受雇工资水平（Ball and Chik，2001；Lianos et al.，2004；Wiers-Jenssen and Sverre，2005；Wiers-Jenssen，2011，2012），也没有考虑留学回国的内生性问题。相关文献主要集中于对挪威的研究，主要发现：相比本土毕业生，"海归"的工资显著高出3%以上（Wiers-Jenssen，2011），这主要是因为"海归"更多地在私营部门就业（Wiers-Jenssen and Sverre，2005）。Ball和Chik（2001）利用400多名马来西亚最近毕业的学生的调查问卷，对比了马来西亚本土毕业生与从英美留学归来的"海归"在受雇早期的收入水平，利用Step-Wise线性回归模型发现留学目的地与其早期劳动力市场的收入并不相关。希腊作为学生输出的大国，与其他欧盟国家相比，希腊在其他成员国学习的学生人数最多。已有对希腊的研究发现，相比较从其他国家毕业回国的"海归"，从欧盟国家毕业归国的"海归"的工资更高（Lianos et al.，2004）。Zweig和Han（2008）为中国"海归"的收入问题提供了统计证据，他们发现，在受雇初期，相较于同等学历的国内毕业生，"海归"的平均收入水平更高。另外，男性"海归"的月工资收入为5 845元，高于男性非"海归"的2 425元；女性"海归"的月工资收入为4 479元，高于女性非"海归"的2 252元。上述文献都只关注在高等学历下，"海归"的整体短期表现，并未涉及不同学历、不同行业中以及"海归"在劳动力市场的长期表现的实证研究。

在国内文献中，据我所知，仅有许家云等（2014）关注了"海归"的收入问题，他们所用数据为通过问卷调查形式获得的2011年8 346名就业人员的样本，其中"海归"样本和非"海归"样本量分别为4 528和3 818。利用Heckman两阶段选择模型，他们发现海外留学经历的正向收入回报，并将这种回报在不同地区、不同性别、不同收入以及公费自费之间进行对比，但没有考虑"海归"的内生性问题。具体而言，在中西部地区，海外学历对工资收入并不存在显著影响；本科及以下学历中，海外学历对中低收入人群的工资收入有显著的正向作用，且回报率随收入的上升而下降；在硕士及以上学历中，海外学历显著提高了各收入群体的工资收入，且回报率随收入水平提高而增长。

综上，我们可以看出，已有国外文献仅关注在高等学历下，"海归"的整体短期表现，并未涉及不同学历、不同行业中以及"海归"在劳动力市场的长期表现的实证研究；并且在研究我国"海归"问题时，也主要从描述统计的角度对"海归"表现进行说明。在国内文献中，并未涉及对同等学历下"海归"与非"海归"的表现进行对比。并且，上述文献均未考虑"海归"潜在的内生性问题，以及没有对"海归"收入回报的影响渠道进行实证分析。

2.2.2 留学教育对其他方面的影响

（1）劳动力市场其他方面

已有国外文献还关注了"海归"在劳动力市场的其他表现，如就业率、过度教育率、工作满意度以及"海归"领导的企业的业绩。首先，关于就业率、过度教育率方面的文献主要集中于对挪威的研究，主要结论为相比较国内毕业生，"海归"有更高的早期失业率和过度教育率（Storen and Wiers‑Jenssen，2010；Wiers‑Jenssen and Sverre，2005；Wiers‑Jenssen，2011）。其中，Wiers‑Jenssen（2012）通过描述统计发现，在芬兰和法罗群岛，"海归"的失业率较高，但是在冰岛，"海归"的失业率却更低，而且芬兰"海归"的过度教育率也更高。在中国，"海归"的就业问题较弱，即"海带"问题被夸大了，根据广州的调查数据，73%的"海归"在三个月内可以找到工作，绝大多数"海归"（94%）可以在六个月之内找到工作（Zweig and Han，2008）。Zweig 和 Han（2008）还发现，在从日本留学回国的"海归"中，35%的"海归"认为在就业方面并不存在困难，仅有5%的"海归"认为存在很大的就业问题。

其次，在工作满意度方面，Ball 和 Chik（2001）利用400多名马来西亚最近毕业生的调查问卷，发现马来西亚本土毕业生与从英美留学归来的"海归"在受雇早期的工作满意度上不存在显著差别。

最后，"海归"在留学过程将学到国际先进技术和企业管理知识，以及掌握海外信息和优质关系网络，因此，留学"海归"在创业方面存在优势（Dai and Liu，2009；Liu et al.，2010；Li et al.，2012）。刘青等（2013）利用2002年、2004年两期中国民营企业主抽样调查数据，Dai 和 Liu（2009）利用中关村科技园内711家高科技中小型企业的数据，以及 Li 等（2012）利用中关村科技园内1995—2003年成立的所有技术型企业样本，均发现"海归"领导的企业的业绩更出色。

（2）学术表现

关于"海归"在学术上的表现，已有文献并未得到一致的结论：相比于非"海归"学者，"海归"学者的成绩在不同国家间存在差异。其中，在韩国和马来西亚（Shin et al.，2014），"海归"的表现并没有比国内毕业的同事更加出色，甚至在韩国的软学科（艺术、人文和社会科学）和在马来西亚的硬学科（自然科学、工程和生物医学）中，"海归"都表现得稍微差一些。

另外，在对中国"海归"的学术表现进行研究的文献中，大多发现"海归"的学术成绩更好。其中，中国"海归"学者更多地在国际期刊发表文章（Rosen and Zweig，2004；Zweig，2006）且获得的研究项目也较多（Rosen and Zweig，2004），Jonkers 和 Tijssen（2008）通过对植物分子生命科学领域的"海归"研究者进行案例研究发现，"海归"学者的国际合著机会与其海外经历有关，这可能是由于"海归"更多地拥有国际网络（Rosen and Zweig，2004；Zweig，2006）。

（3）社会与经济的宏观作用

海外留学不仅对受教育者本身，对国家经济和社会发展均具有正向作用。相比于非"海归"，"海归"不仅输入先进技术和资本等（Zweig et al.，2004；Zweig and Han，2008；Zweig，2006），还对知识溢出效应有显著的正向影响（杨河清和陈怡安，2013），这些对国家的技术进步均起到促进作用。另外，"海归"还对技术创新（罗思平和于永达，2012；李平和许家云，2011a）以及高科技产业的创新（Liu et al.，2010）和发展均有促进作用（Kenney et al.，2013）。其中，杨河清和陈怡安（2013）发现，"海归"的知识溢出效应存在门槛值，当"海归"回流量超过门槛值时，其知识溢出效应迅猛增加；"海归"的知识溢出效应在人力资本吸收能力较强的地区的效果更好；并且"海归"的知识溢出效应在不同地区间存在差异。罗思平和于永达（2012）利用1998—2008年806家中国光伏相关企业数据，发现"海归"高管对企业的技术创新能力和专利保护均起到显著促进作用，并且还对周边企业存在技术溢出效应。Liu等（2010）利用面板数据分析发现回流企业家对中国高科技企业的创新产生积极影响。在信息通信技术产业初步形成的中国、印度和中国台湾地区，当本土企业家和决策者为信息与通信技术行业奠定基础之后，"海归"在行业的二次发展阶段发挥了积极的作用（Kenney et al.，2013）。同时，海外人才回流引致的FDI技术溢出效应（朱敏和许家云，2013）和"海归"技术溢出效应（李平和许家云，2011b）均显著存在，并且技术溢出效应在我国不同地区间具有差异性。

2.3 第二课堂的影响的研究

2.3.1 第二课堂对收入的影响

关于课外活动参与与收入关系的研究中，现有文献相对较少。

一方面，在大学活动参与对收入的影响方面，Long 和 Caudill（1991）首次关注了大学体育活动参与与人力资本积累的关系，发现在美国，相比于大学期间无运动员经历的学生，有运动员经历的学生的大学毕业率更高，且男性运动员的年收入高出 4%，而女性收入并无溢价。Henderson 等（2006）利用美国 CIRP 数据，发现虽然大学运动员平均收入更高，但是超过一半的运动员的收入低于非运动员；运动员在商业、军队、手工业的收入更高，但是运动员更多的是成为工资较低的高中老师。上述文献均关注了大学时期的体育活动参与，对其他的社团参与情况并未涉及，并且在作用机制上，没有从实证角度对人力资本等多方面进行考察。

另一方面，部分关注了高中时期的课外（体育）活动与未来收入的关系（Stevenson，2010），所得结论并不一致。其中，Barron 等（2000）研究了美国的高中体育参与对男性未来收入的影响，OLS 估计结果显示参与高中体育活动会增加成年时期的收入，而 IV 估计结果却发现两者之间不存在显著关系。Eide 和 Ronan（2001）将身高作为体育活动参与的工具变量，发现体育参与对黑人男性运动员的收入有正向影响，对西班牙裔或黑人女性的收入均没有影响。Ewing（2007）利用 NLSY 1990 数据，发现相比于非运动员，高中体育运动员的未来工资和额外福利方面的收入均较高。Lleras（2008）利用 NELS 数据，发现十年级的学术和体育活动参加与 10 年后的收入正相关，但艺术活动参与与较低的收入有关。另外，国外学者还关注了中学时期的学生干部对学生未来收入的影响。Kuhn 和 Weinberger（2005）利用美国三项调查数据，发现在美国高中担任过班干部对孩子的将来有积极的影响。和高中从未担任过学生干部的孩子相比，高中担任过学生干部的孩子将来的收入要高4%~33%。

另外，学生时期参与课外活动或担任学生干部不仅会提高未来收入，还将提高女性的劳动力市场参与率（Stevenson，2010），并更多进入管理岗位（Barron et al.，2000；Kuhn and Weinberger，2005）和提高女性进入向来以男性为主的职业的概率，特别是高技能职业（Stevenson，2010）。

综上，我们可以看出，国内尚缺乏对第二课堂收入回报问题的实证研究，而且在国外已有研究第二课堂的收入回报问题的文献中，主要集中于研究中学时期的第二课堂参与情况，对大学时期的涉及较少；并且，在对大学第二课堂的研究中，也仅是关注了体育活动参与，对其他的第二课堂的活动参与情况并未涉及。此外，在分析高校第二课堂对个人收入影响的作用机制方面，并没有从人力资本、信号发送、社会资本等多方面进行实证考察。

2.3.2　第二课堂对其他方面的影响

（1）学业表现的影响

关注课外（体育）活动参与与学业成绩的文献相对较多（Feldman and Matjasko，2012）。一方面，已有文献关注了中学时期的课外或体育活动与学业成绩的关系，所得结论不尽相同，大多文献普遍支持课外活动参与与学业成绩之间存在正相关的关系（Marsh and Kleitman，2003）。然而，Schreiber 和 Chambers（2002）的研究显示，无论学校内部还是校外活动，以及是否有组织，非学业活动均与控制其他因素后的学业成绩无关。Dotterer 等（2007）关注了六～九年级的非洲裔美国青少年，发现课外活动的时间与学业成绩无关。

课外活动参与对学业成绩的效果在性别间存在差异。一般来说，男性高中运动员比非运动员获得更高的学业成绩（Broh，2002）。在女性中，运动员与非运动员在学业成绩上没有显著差异（Hanks and Eckland，1976；Melnick et al.，1988）。

另一方面，学者还关注了中学时期的课外或体育活动与其他学业成绩方面的关系，包括辍学率（Mahoney，2000）、旷课率（Cuffe et al.，2017）和受教育程度（Hwang et al.，2016）等，虽然大部分文献得出高中体育活动与学生学业发展的正向关系结论，但也存在不一致的结论。其中，Barron 等（2000）得到美国高中体育活动参与会显著提高班级名次、增加男性的受教育程度；Stevenson（2010）发现高中体育运动参与增加了女性的大学录取率。Eide 和 Ronan（2001）将身高作为体育活动参与的工具变量，以及利用高中辍学率、大学入学率和入学毕业率三个教育成绩指标，发现体育参与对黑人男性和白人女性运动员的教育成绩有正向影响，但对白人男性运动员的教育成绩存在负向影响，而对西班牙裔或黑人女性运动员的教育成绩没有影响。Hanks 和 Eckland（1976）

将高中课外活动分为运动类和社交类，发现参加体育活动并不直接有助于提高男性的受教育程度，而社会参与与较高水平的受教育程度相关；而 McNeal（1995）却发现仅有体育参与活动与辍学率较低有关。

另外，国外学者还关注了中学时期的学生干部对学生学业表现的影响，其中，Kuhn 和 Weinberger（2005）利用美国三项调查数据，发现在美国高中担任过班干部对孩子的将来有积极的影响。和高中从未担任过学生干部的孩子相比，接受高中以上教育的年份要长 0.5～4 年。Anderson 和 Lu（2017）在国内中学展开经济学实验，研究中学生的班干部经历对学生的影响。他们发现担任班干部的学生学习成绩更好，更受同学欢迎，表现更加积极，但前提是学生本身具备做班干部的潜质。另外，他们还发现担任班干部不仅仅是已有能力的信号，还可能会影响学生的人力资本。

（2）不良行为的影响

参与课外活动鼓励参与者遵守建设性行为准则，使得运动或服务活动参与与低水平的不良行为有关（Guest and McRee，2009），尤其是学业成绩低的男性（Schafer，1969）和高危青少年（Mahoney，2000），这可能是因为活动参与扩展的社会网络对不良行为有负向影响。另外，课外活动参与和不良行为间的关系取决于活动类型和不良行为的测量方式。其中，McHale 等（2005）发现，七年级中的体育活动参与（包括参与接触性运动——足球和曲棍球）与教师评价的攻击性方面没有显著关联。Linville 和 Huebner（2005）利用弗吉尼亚农村八～十二年级的样本研究课外活动参与与武器携带和打架斗殴的关系。他们发现，学校课外活动参与与武器携带和打架斗殴无显著关系，但存在性别差异。其中，参与学校社团与男性的打架行为负相关；对女孩来说，志愿参与和体育参与总数与打架行为正相关，而课外活动参与时间与较少的打架行为有关。非学校社团参与时间和宗教活动参与与男孩携带武器负相关，参与学校社团与女孩携带武器负相关。

另外，课外活动与较少的饮酒吸烟吸毒的行为的关系，并没有得到统一的结论（Darling，2005），然而部分研究表明体育参与更多与饮酒有关。其中，体育参与者的饮酒频率高于非参与者和其他活动参与者，而体育参与者相比于非参与者使用大麻的概率较低，但高于其他活动参与者。

（3）其他方面

另外，参与课外活动（包括体育活动参与）还有利于改善种族关系（Slavin and Madden，1979）、促进年轻人的社会参与（Lindsay，1984）、增强社会网络（McNeal，1999）和社会互动（Smith，2003）等等。

课外活动不仅会影响青少年的行为，还会影响他们的心理健康（Feldman and Matjasko，2012），且其对心理健康的积极作用被大多数文献所证实（Larson et al.，2006），但这种影响在不同性别（Melnick et al.，1988）、种族（Tracy and Erkut，2002）间存在差别。

2.4 成人教育的影响的研究

国外文献中一般将成人在正规教育机构学习并最终取得国家承认证书的行为称为"成人学习"（adult learning）或"终身学习"（lifelong learning），前者在美国（Jacobson et al.，2005；Kane and Rouse，1995；Leigh and Gill，1997）较常见，而后者在欧洲（Wolf et al.，2006）较常见。

2.4.1 成人教育对收入的影响

关于成人再接受教育的收入效益的研究文献较为丰富且大多数文献均发现成人接受教育会带来正向的经济效应（Bennion et al.，2011），现有文献主要集中于对英国的研究。首先，在英国，成人再接受教育会引起收入的增加，但不同群体增加的幅度有所差别：女性从中获得的收益一般高于男性（Blanden et al.，2012）；原有受教育程度低的群体选择成人教育的可能性较低，但他们一旦接受成人教育，从中获得的收益会更高（Schwerdt et al.，2012）。具体而言，Blanden 等（2012）利用英国家庭长期追踪调查（BHPS）1991—2006年间的数据，通过固定效应模型发现英国成人教育可以提高女性小时收入10%左右，而对男性收入的正向影响在控制自我选择因素后变得不再显著。这表明再接受教育对成人女性的后续收入具有因果效应，但男性所得的收益是自我选择的结果。

成人再接受教育会获得收入溢价的结论在其他国家也大多得到证实，如美国、瑞典、西班牙、澳大利亚、中国等。其中，在瑞典，高等教育面向成人开放且劳动力市场的相关立法支持休假学习的员工（Hällsten，2012）。Hällsten（2012）利用瑞典1981—2007年的纵向数据，研究了30岁以上的高中毕业生进行高等教育的收入回报。他们采用匹配与固定效应估计相结合的方法来控制非随机选择，发现成人再接受高等教育将使得就业率提高18%和受雇收入提高12%；收入效应在不同群体中也存在显著差异：教育回报在高收入群体中不存在，女性的回报高于男性；估计结果在不同的年龄群体中相对稳健。另外，对瑞典的针对成人的中等教育的研究也显示，在修正了样本选择和评估期间长度差异的问题后，瑞典的成人中等教育存在正向的收入回报，一年的成人中等教育可以增加低技能的成人的年收入，约4.4%（Stenberg，2011）。在美国，无论是否取得证书，社区大学对成人均存在工资溢价（Leigh and Gill，1997；Jepsen et al.，2014）。Leigh和Gill（1997）研究了25岁以上的成年人就读美国大学的回报，并且区分了只接受教育但没有取得证书的群体和获得证书的群体之间的教育回报差别。他们发现，无论是否取得证书，年纪较大的成年人的工资回报率均在8%~10%。Jepsen等（2014）区分了已工作群体取得美国社区大学的本科、专科和证书的回报差异，他们发现，本科和专科教育的收入回报高于只取得证书，其中女性的季度收入回报约为2 400美元，男性为1 500美元，并且不同专业的回报存在差别。另外，与同年龄段和初始教育水平的工作群体相比，加泰罗尼亚（西班牙）的开放大学的教育也对成人收入具有正向作用（Castaño-Muñoz et al.，2016）。在国内研究中，据我们所知，仅有许玲丽等（2008）使用国家统计局2007年城镇居民调查数据及附加的教育特别问卷数据，分析了中国成人高等教育的回报。发现在控制个人能力后，成人本科的教育回报显著低于普通本科，而成人专科和普通专科的教育回报没有显著差异，且成人本科和普通本科的教育回报差距在工作经验较少的群体中更大，但没有考虑成人教育的内生性问题，且对成人教育收入效应的渠道没有进行实证分析。

然而，少数文献发现成人再接受教育并不会引起收入的增加（Schwerdt et al.，2012），甚至会降低收入。如 Wolf 等（2006）利用 NCDS 数据没有发现成人学习的工资回报的证据。这可能是由于研究仅限于特定的年龄组，并且仅观察两个时间点。另外，Schwerdt 等（2012）利用实验数据，分析了瑞士随机发放成人教育代金券项目的效用，发现参与此项目对一年后收入、就业和教育均没有显著影响；虽然低受教育程度的群体使用代金券的概率较低，但他们却最易从此项目中受益。

另外，部分文献还关注了失业的成人群体再接受教育的收入效应。其中，Stenberg 和 Westerlund（2008）发现瑞典长期失业群体接受教育对收入有正向影响。Jacobson 等（2005）关注了美国被解雇工人参与社区大学的情况，发现存在长期的正向收入回报，且收入的增加主要来源于劳动供给的增加而非小时收入的增长。具体而言，一年的社区大学学习将增加男性和女性的长期收入，分别约 9% 和 13%；且收入回报在年龄大于等于 35 岁的群体中稍小，男性和女性分别为 8% 和 10%。他们还发现，被解雇工人从技术性课程、数学和科学类课程中获得的效益更高，且收入的增长主要源于他们更高的劳动供给而非小时收入的增长。

虽然大多数文献发现成人再接受教育存在正向的经济效益，相比于传统年龄接受教育群体（或较早接受成人教育群体），较晚接受成人教育群体的收入较低（Holmlund et al.，2008；Blundell et al.，2000）。其中，在英国，成人毕业生相比于正常年龄毕业生或较早接受成人教育的毕业生的收入较低（Blundell et al.，2000）。Holmlund 等（2008）发现在瑞典，推迟大学教育（即高中毕业和进入大学的时间间隔）会对收入造成持续的负向影响，且这种负向影响主要来源于进入大学引起的工作经验的缺失。然而，Marcus（1984）却发现，在美国，同等学历下中断与非中断教育的收入回报并没有差别。

综上，我们可以看出，国外的成人教育形式大多是个人在成年时期重返校园，与传统年龄的学生一起接受教育，因此，国外的研究结论也是相比于传统年龄，成年时期再接受教育的收入回报。然而我国的成人教育与普通教育是分开的，因此国外对成人教育的研究结论并不适用我国。

2.4.2 成人教育对其他方面的影响

（1）劳动力市场其他表现的影响

除收入回报外，成人时期再接受教育对劳动力市场的其他表现也存在积极的影响，包括工作-教育匹配度（Woodley and Wilson，2002）、就业率（Hällsten，2012）、晋升概率（Jamieson et al.，2009）等，但对退休时间没有影响（Stenberg et al.，2012）。具体而言，Woodley 和 Wilson（2002）利用约 4 300 名英国成人大学毕业生（25 岁以上）毕业三年后的调查样本，分析开放大学的非全日制和其他非全日制学习的教育回报。他们发现，25～29 岁的毕业生和从其他非全日制毕业的 30～39 岁的毕业生认为此类学习满足了他们大部分的职业目标。然而，开放大学的 30～39 岁的毕业生虽然获得高收入和高工作满意度，但他们认为学习到的知识无法应用到工作中。Stenberg 等（2012）使用倾向得分匹配方法，考察瑞典成人教育是否会延迟退休，从而可能增加老年人的劳动市场参与率，结果表明成人教育对退休时间没有影响。

（2）自身能力或资本的培养

在对自身能力或资本的培养方面，Jamieson 等（2009）利用两个提供非全日制高等教育的学校数据（伦敦大学的伯克贝克学院和开放大学），研究了成人教育与人力资本、身份资本和社会资本的关系，发现成人教育对这三方面均有正向的积极影响。而且，他们还发现通过成人教育获得的"身份资本"效益（个人发展和幸福感）高于其他任何类型的资本。同时，家庭和社区因毕业生社会资本的增加而获益也是显而易见的（Jamieson et al.，2009）。Rickwood 和 Goodwin（2000）描述了英国公开大学的非全日制学生的感受，学生认为他们获得了实质性的利益和成就，包括更了解这个世界和自我价值感等，而且，在学习结束时最标志性的成就就是自信的增加。Leung 和 Kember（2005）通过分析中国香港一所大学的 1 149 名非全日制毕业生，发现非全日制学习确实影响了能力的发展，这些能力主要是通过员工与学生之间以及学生与学生之间建立社会关系而培养的。

然而，相比于国外相对丰富的文献，国内关注成人教育对个人发展的文献较少。其中，金生鈜（2002）认为成人教育作为成人接受教育的重要方式，应该以培养公民意识、公民能力和公民品质为导向，将公民素质的培养和提升作为成人教育的首要目的。车文辉（2004）也指出了成人教育的积极作用，包括提高劳动者素质、优化人力资源配置、促进城镇失业和农村剩余劳动力转移问题的解决，以及促进产业进步、企业发展和完善劳动力市场等。另外，国内研究还认为成人教育对促进经济发展具有重要作用（刘国斌和周修宇，2008）。

2.5　职业培训的影响的研究

参与培训也是成人再接受教育和提升人力资本的重要途径。其中，已有研究培训效果的文献可以分为两个类别：一类是项目评估，旨在确定政府赞助的职业培训计划在多大程度上提高了未来就业的可能性或提高了参与者的更高工资水平（程萍等，2015）。一些实证研究发现政府主导的职业培训并不总是有效的。其中，Nivorozhkin 和 Nivorozhkin（2007）研究了政府资助的技能培训项目对俄罗斯城市失业者的就业作用，他认为培训对于项目参加者有一定的积极作用，但是培训的效果还是较为有限的。国内的一些研究也发现，政府主导的农村转移劳动力培训效果并不佳（李静等，2013）。其中，翁杰和郭天航（2014），以及翁杰（2012）发现，政府主导的对农村转移劳动力的转移培训既不能明显改善培训参与者的技能水平，也不能提升他们的工资收入。政府主导的培训效果不佳的原因包括：政府主导的培训没有将那些需要获得培训的群体纳入培训范围（王海港等，2009），且政府培训的时间太短、投入太少（翁杰，2012），其实质接近于入职前的引导性培训，而不是人力资本投资意义上的培训（王德文等，2008；翁杰，2012）。

另一类涉及"培训"的文献主要侧重于在职培训和工作培训（Booth and Bryan，2005），但却没有得到一致的结论。一方面，部分研究发现员工参与培训可获得正向回报。然而，部分研究说明这些培训的高回报率高估了培训的实际作用，因为员工工资的增长不只归因于其参加的培训。Angrist 等（1996）运用工具变量估计出的培训回报率则比研究结果还要低得多。Blundell 等（1999）利用OLS、固定效应和工具变量方法估计男性工人的培训回报率分别为8.3%、5%和6.5%。另一方面，部分研究得出不同的结论。其中，Leuven 和 Oosterbeek（2008）运用反事实模型发现培训并没有显著回报。Schwerdt 等（2012）则利用一个培训回报的实验发现培训的回报率关键依赖于研究人员的选择性偏差。

还有学者对政府和企业举办的技能培训的效果进行了对比，认为政府资助的培训往往比企业举办培训的收益率要低得多。由于企业培训的员工往往继续在原岗位工作，而参加政府培训项目的人通常需要换工作，转换工作一定程度上损失了人力资本，这可以部分解释政府培训项目收益率偏低的原因。此外，不同国家的职业培训效果也不尽相同。例如，针对失业者实施的培训计划在发达国家和转型国家的实施效果似乎比在发展中国家的实施效果更为积极一些。就转型国家而言，被评价的所有计划对于就业都产生了积极的效果，但计划对于收入所产生的影响都是中性的或者是负面的，如保加利亚、波兰和斯洛伐克等。

3 出国镀金，回国高薪？

3.1 引言

近年来，出国留学热持续升温，出国镀金的现象越来越普遍，渐渐从精英化走向大众化。中国家庭金融调查（CHFS）2015年的数据显示：2015年有9.62%的学生正在国外留学，而这一比例未来可能超过20%，因为在有15岁以下孩子的家庭中，将来确定送小孩出国深造的比例为9.23%，可能送小孩出国深造的比例为13.92%。另外，教育部统计的数据显示，在进入21世纪后，我国出国留学人数从2000年的3.9万人增长到2019年的70.35万人，而其中9成以上是自费留学[①]，需支付高昂的留学费用[②]。与此同时，越来越多的中国留学生在毕业后选择回国工作，回国比例[③]和回国人数逐年增加（Zweig，2006）。2019年留学

---

① 参见教育部官方网站：http://www.moe.gov.cn/jyb_xwfb/gzdt_gzdt/s5987/201503/t20150305_186107.html.
② 2014年底的调查显示：美国，每年37万~54万元人民币；英国，每年27万~35万元人民币；澳大利亚，每年16万~28万元人民币；加拿大，每年12万~26万元人民币；法国，每年7万~17万元人民币。
③ 回国比例定义为当年留学回国人数除以当年的出国留学人数。

回国比例达到了 82.48%，留学回国人数超过 58.03 万人①。

出国镀金真的能带来回国高薪吗？本章利用中国家庭金融调查（CHFS）2017 年的数据，实证分析了"海归"的收入和职业选择问题。主要发现：①相比于本土研究生，"海归"研究生的年收入显著高出 20%，年工作时长显著高出 140 小时，小时收入显著高出 32%；②"海归"研究生的较高收入是信号效应和人力资本效应共同作用的结果，但人力资本效应占主导地位；③本科"海归"在收入上与本土本科无显著差别，说明两者的人力资本水平相同且无信号效应；④"海归"研究生更多进入收入水平较高的技术类和商业/服务类职业，在单位类型上更倾向于高收入的外资类企业；⑤本科"海归"在职业和单位类型选择上与本土本科无显著差别；⑥同等学历下，本科"海归"更容易获得较高的职位。

我们面临的一个关键问题是留学回国的内生性问题。为解决内生性问题，常用的方法是工具变量法，但该方法往往使得结果依赖于所选取的工具变量和计量模型。为减少结果对模型和工具变量的依赖性，类似于 Ho 等（2007）的做法，我们为每一个"海归"匹配出一个本土样本，然后对匹配的样本进行计量分析。基于匹配后的数据进行实证分析非常契合本章的研究问题和数据。首先，相对于本土毕业生，"海归"在样本中的比例较低。如统计描述中所述，"海归"样本有 649 个，本土样本为 6 593 个。其次，一些本土样本在很多方面跟"海归"不具有可比性，如"海归"样本的平均学历水平高于本土样本，如果拿"海归"跟所有的本土毕业生相比可能失之偏颇。而匹配使得"海归"组和本土组的各特征差距变小。更多介绍可参见 Ho 等（2007）以及 Imbens 和 Wooldridge（2009）。

本章发现：一方面，匹配使得"海归"组和本土组的可观测变量更具有可比性，实证分析表明我们的结果对模型的依赖性大大降低了；另一方面，通过对一些家庭背景代理变量的分析，我们发现匹配也显著降低了"海归"组和本土组的家庭背景的差异，从而减少了潜

---

① 参见教育部官方网站：http://www.moe.gov.cn/jyb_xwfb/gzdt_gzdt/s5987/201503/t20150305_186107.html.

在的内生性问题的影响。本章的分析表明：采用不同的控制变量，家庭背景的代理变量，或者是工具变量，基于匹配样本的估计结果变化不大。

现有文献中关于"海归"的研究相对较少①，且没有考虑留学回国的内生性问题。国外关于"海归"的研究大致分两类：一类关注"海归"在劳动力市场的整体短期表现，如早期失业率和过度教育率（Storen and Wiers‐Jenssen，2010；Wiers‐Jenssen and Sverre，2005；Wiers-Jenssen，2011，2012）以及受雇工资水平（Ball and Chik，2001；Lianos et al.，2004）；另一类关注"海归"在学术领域的表现（Shin et al.，2014）。其中，在挪威，相比较国内毕业生，"海归"有更高的失业率和过度教育率（Storen and Wiers-Jenssen，2010；Wiers-Jenssen and Sverre，2005；Wiers-Jenssen，2011），而且一旦就业，"海归"的工资显著高于国内毕业生3%以上（Wiers-Jenssen and Sverre，2005；Wiers-Jenssen，2011）。Wiers-Jenssen（2012）通过描述统计发现，在芬兰和法罗群岛，"海归"的失业率较高，但是在冰岛，"海归"的失业率却更低，在芬兰，"海归"的过度教育率更高。在马来西亚，本土毕业生与从英美留学归来的"海归"在受雇早期的收入水平无显著差别（Ball and Chik，2001）。Lianos 等（2004）发现，在希腊，相比较从其他国家毕业回国的"海归"，从欧盟国家毕业归国的"海归"的工资更高。上述文献都只关注在高等学历下，"海归"的整体短期表现，对不同学历、不同行业中以及"海归"在劳动力市场的长期表现并未涉及。另一方面，Shin 等（2014）利用拥有博士学历的全职大学学者这一特定样本分别研究了韩国、中国香港地区以及马来西亚的"海归"是否比国内（或地区内）毕业的同事在学术方面更加多产。他们发现在这三个国家或地区中，"海归"的表现并没有比国内（或地区内）毕业的同事更加出色，甚至在某些学科中表现得稍差。

关于中国的"海归"问题，现有文献主要关注"海归"对我国社会与经济的宏观作用。如"海归"更倾向输入先进技术和资本等（Zweig

---

① 一类相关的研究是出国留学对人才外流的影响，参见 Oosterbeek 和 Webbink（2011）及其引用文献。

et al., 2004；Zweig and Han，2008；Zweig，2006），更容易拥有国际网络（Rosen and Zweig，2004；Zweig，2006），对国内的技术溢出效应（李平和许家云，2011b；朱敏和许家云，2013）和知识溢出效应（杨河清和陈怡安，2013）有显著影响，并对技术创新（罗思平和于永达，2012；李平和许家云，2011a；Liu 等，2010）以及高科技产业发展有促进作用（Kenney et al., 2013）。另外，刘青等（2013）、Dai 和 Liu（2009）以及 Li 等（2012）发现"海归"领导的企业的业绩更出色。在学术表现方面，"海归"学者更多地在国际期刊发表文章（Rosen and Zweig，2004；Zweig，2006）且获得的研究项目也较多（Rosen and Zweig，2004），Jonkers 和 Tijssen（2008）还发现"海归"学者的国际合著机会与其海外经历有关。已有文献对"海归"在劳动力市场的收入与就业情况涉及较少。Zweig 和 Han（2008）通过描述统计，发现"海带"问题被夸大了，大多数"海归"可以在六个月之内找到工作；受雇后，"海归"的平均收入水平均高于同等学历的国内毕业生。许家云等（2014）发现海外留学经历的正的收入回报，并将这种回报在不同地区、不同性别、不同收入以及公费自费之间进行对比，但没有考虑"海归"的内生性问题。

本章详细又严格地对同等学历下"海归"与非"海归"的收入差距进行研究，基于匹配后的样本，使用OLS、代理变量以及工具变量的方法，充分验证了我们结果的稳健性。

此外，相比于以往的国内文献，本章贡献还包括：从人力资本和信号效应两个角度研究"海归"与非"海归"的收入差距；系统地研究了本科"海归"和研究生"海归"相比于同等学历的本土毕业生在职业选择、职务晋升以及单位选择上的差距；发现研究生"海归"在各方面的巨大优势，以及本科"海归"在职务晋升之外没有优势。

本章的结构安排如下：第二部分为数据与描述统计；第三部分介绍本章的计量方法；第四、第五部分实证分析了"海归"与本土毕业生在收入、工作时长以及职业选择等方面的差距；第六部分是结论。

3.2 数据与描述统计

本章数据来源于西南财经大学中国家庭金融调查与研究中心在全国范围内开展的抽样调查项目——中国家庭金融调查 2017 年的数据。2017 年的调查覆盖了全国 29 个省（自治区、直辖市），355 个县（区、市），1 428 个村（居）委会，共获得 40 000 多户家庭的有效样本，数据具有全国和省级代表性。该调查包含详尽的居民人口学特征和就业情况，是分析劳动力市场情况的重要数据来源。

CHFS2017 的问卷中有关于"个人最高学历是否在国外取得"的相关信息，而且此数据具有全国和省级代表性，这为本章研究我国整体"海归"问题奠定了数据基础。需要说明的是，综合考虑"海归"问题和样本的全国代表性两个方面，此数据是我们可获得的最适合的分析数据。

在本章的研究问题中，我们仅考虑具有本科及以上学历①且受雇于他人②的个体。本章所用的收入包括工资、奖金和津贴。"海归"定义为最高学历在国外取得的个人③，例如，如果最高学历为本科且在国外取得，则为本科"海归"；如果最高学历为硕士或博士，且在国外取得，则为研究生"海归"。我们将硕士和博士合并为研究生样本来分析，主要是出于样本量的考虑。

用到的其他人口特征变量包括学历（本科、硕士和博士的三个虚拟变量）、男性的虚拟变量、年龄、工作经验、已婚的虚拟变量（已婚或同居均归为已婚）和城镇的虚拟变量。在进一步删除关键变量缺失的样本后，我们最终获得 7 242 个有效的样本观测值，其中"海归"与本土样本分别为 649 个和 6 593 个。

---

① 考虑到 CHFS2017 数据中低于本科学历的"海归"在总"海归"中所占比例不到 1%，且低于本科学历劳动者的收入特征与本科及以上学历的劳动者的收入特征相比有较大差异，因此我们剔除了这部分样本。
② 数据中自雇的"海归"样本仅占受雇样本 5% 左右，考虑到其样本量较小，且对结果影响不大，因此这里并不考虑自雇样本。
③ "海归"是根据以下两个问题定义的：（1）某家庭成员的文化程度是什么？①没上过学；②小学；③初中；④高中；⑤中专/职高；⑥大专/高职；⑦大学本科；⑧硕士研究生；⑨博士研究生。（2）请问该学位是在国外获得的吗？①是；②否。

图3-1给出了"海归"和本土毕业生的年收入分布曲线，该曲线由核密度（kernel density）估计得到，带宽经交叉验证法选取。由图可见，"海归"与本土毕业生收入分布均呈现出尖峰厚尾且严重右偏的特点。由于从此图中，我们并不能清晰地看出"海归"和本土毕业生在收入上的差别，因此我们将样本分为本科样本和研究生样本，并分别画图。

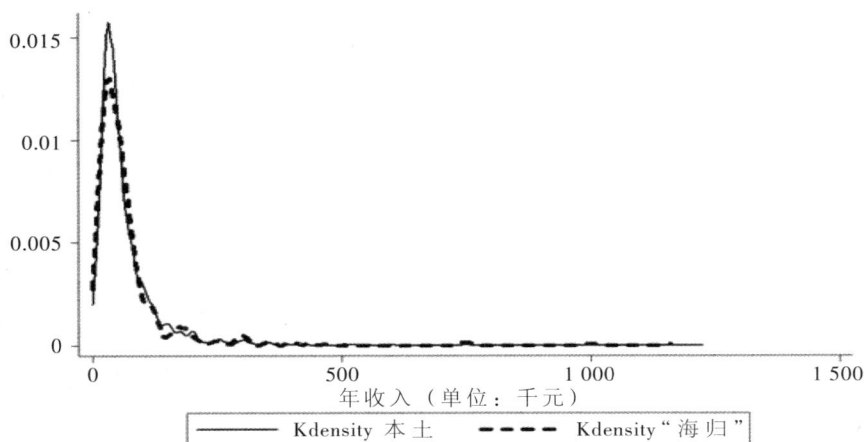

图3-1　"海归"与本土毕业生的收入分布

图3-2给出了本科"海归"与本土本科的收入分布曲线。可以看出，相比于本科"海归"，本土本科的收入分布更加右偏。与图3-1相似，我们从图3-2中并不能清晰地看出本科"海归"和本土本科存在收入差距。

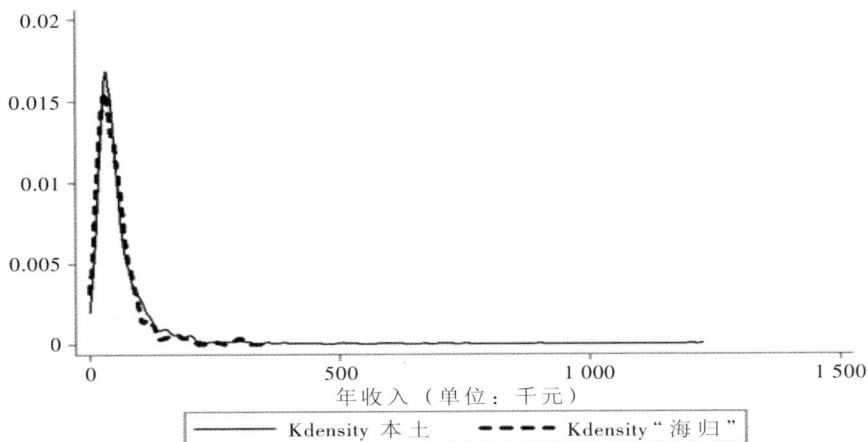

图3-2　本科"海归"与本土本科的收入分布

图 3-3 报告了研究生"海归"与本土研究生的收入分布曲线。由图可见，研究生"海归"与本土研究生的收入分布均呈现出右偏的特点。并且从图 3-3 中可以明显地看出，研究生"海归"的平均收入高于本土研究生。具体而言，相比本土研究生，研究生"海归"在低收入区域分布较少，而在高收入区域分布较多。

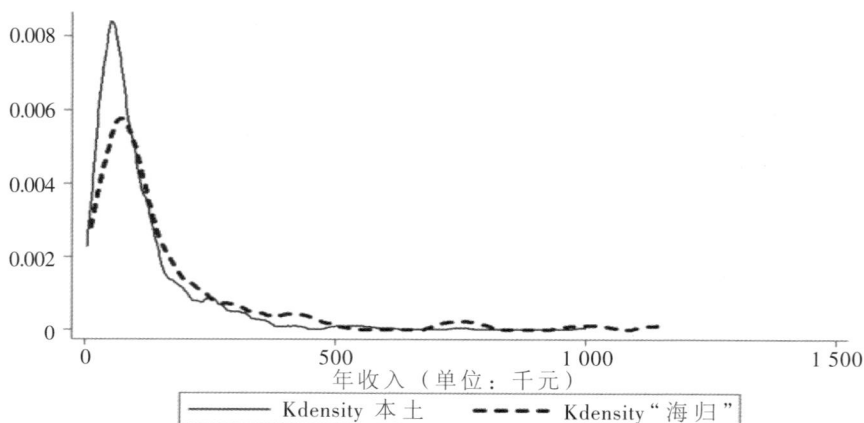

图 3-3　研究生"海归"与本土研究生的收入分布

表 3-1 给出了相关变量的描述性统计。由表 3-1 可见，"海归"年收入的平均值为 74.935 千元，而本土毕业生的平均年收入为 70.249 千元，可以看出"海归"的年收入高出本土毕业生 4.686 千元。"海归"的高学历占比高于本土毕业生，具体而言，"海归"中硕博的比例为 16.3%，而本土毕业生中的这一比例为 11.2%。另外，"海归"中男性的比例约为 52.4%，与本土毕业生的 52.2% 相近。"海归"的平均年龄和工作经验分别为 35.017 和 8.813，分别与本土毕业生的平均年龄和工作经验相近（分别为 34.820 和 9.209）。"海归"的已婚比例为 65.3%，比本土毕业生的已婚率低 3.1%。"海归"中居住于城镇的比例约为 89.8%，而本土毕业生的这一比例为 91.0%。①

在职业类型上，"海归"为专业技术人员的比例最高，为 47.0%，其次为办事人员（37.2%），而为设备操作人员、生产人员和军人的比

---

① 采用问卷中如下问题：该工作属于什么职业？1.国家机关党群组织、企事业单位负责人；2.专业技术人员；3.办事人员和有关人员；4.商业、服务业人员；5.农林牧渔水利生产人员；6.生产、运输设备操作人员及有关人员；7.军人。

表3-1　　　　　　　　　　　　变量的描述性统计

	海归		本土	
	均值	标准差	均值	标准差
基本特征				
年收入（千元）	74.935	80.564	70.249	60.341
本科	0.837	0.370	0.889	0.315
硕士	0.128	0.334	0.097	0.296
博士	0.035	0.185	0.015	0.120
男性	0.524	0.500	0.522	0.500
年龄	35.017	9.650	34.820	9.664
工作经验	8.813	9.210	9.209	9.153
已婚	0.653	0.476	0.684	0.465
城镇	0.898	0.302	0.910	0.286
观测值数	649		6593	
职业类型[①]				
单位负责人	0.064	0.246	0.072	0.259
专业技术人员	0.470	0.500	0.448	0.497
办事人员	0.372	0.484	0.365	0.481
商业服务业人员	0.077	0.266	0.083	0.276
生产人员	0.002	0.042	0.002	0.039
设备操作人员	0.016	0.124	0.026	0.158
军人	0.000	0.000	0.005	0.073
观测值数	575		5901	

例较低，不超过"海归"总样本的2%。与本土毕业生相比，"海归"为专业技术人员（47.0%）和办事人员（37.2%）的比例均高于本土毕业生（分别为44.8%和36.5%），但"海归"为其他人员的比例均低于本土毕业生。

3.3　计量方法[①]

这里的一个关键问题是留学回国的内生性问题。解决内生性问题常用的方法是工具变量法，但该方法往往使得结果依赖于所选取的工具变量和计量模型。为减少结果对模型和工具变量的依赖性，我们采用Ho等（2007）的做法，先对样本进行匹配，然后基于匹配样本再进行OLS和工具变量回归。

我们为每一个"海归"样本匹配出一个本土样本，然后对匹配的样本进行计量分析。一方面，我们发现，匹配使得"海归"组和本土组的可观测变量更具有可比性，减少了结果对模型的依赖性（见下一部分的实证分析以及Ho等（2007））。另一方面，通过对一些家庭背景代理变量的分析，我们发现匹配也显著降低了"海归"组和本土组的家庭背景的差异，从而减少了潜在的内生性问题的影响。下文的实证分析结果也表明，采用不同的控制变量、家庭背景的代理变量，或者是工具变量，基于匹配样本的估计结果变化不大。

基于匹配后的样本进行分析非常契合我们的研究问题和数据。首先，相对于本土毕业生，"海归"在样本中的比例较低。如统计描述中所述，"海归"样本有649个，本土样本为6 593个。其次，一些本土样本在很多方面跟"海归"不具有可比性，如"海归"样本的平均学历水平高于本土样本，如果拿"海归"跟所有的本土毕业生相比可能失之偏颇。而匹配使得"海归"组和本土组的各特征差距变小。我们的分析还表明，匹配也减少了本土组和"海归"组之间的一些不可观测变量的差

[①]　采用问卷中如下问题：该工作属于什么职业？1.国家机关党群组织、企事业单位负责人；2.专业技术人员；3.办事人员和有关人员；4.商业、服务业人员；5.农林牧渔水利生产人员；6.生产、运输设备操作人员及有关人员；7.军人。

异。更多关于此方法的介绍可参见 Ho 等（2007）以及 Imbens 和 Wooldridge（2009）。

我们采用基于倾向得分（propensity score matching，PSM）的 1∶1 无放回匹配，具体步骤如下：首先，选取一系列与个人收入相关的个人特征变量①，包括性别、学历、年龄、工作经验、婚姻状态、居住地。然后，用基于这些变量的倾向得分进行匹配。由于通常认为性别和学历对个人收入产生的影响较大，在此，我们将对性别和学历进行精确匹配。较多的本土样本使得对性别和学历的精确匹配成为可能，每个"海归"观测值仍有较多的本土观测值与之相对应。在匹配过程中，"海归"组中的三个观测值因不满足共同支撑（common support）而被删除。最终，通过匹配我们得到 594 个本土观测值和 594 个"海归"观测值。匹配后，我们首先需要检验匹配样本的平衡性，如果相比于匹配前的样本，匹配后样本的平衡性提高，则通过平衡性检验。本章还采用了 1∶1、1∶2 和 1∶4 有放回的匹配方法，综合考虑样本量和匹配样本的平衡性，我们最后选取了 1∶1 的无放回匹配，因此我们在接下来的分析中仅用此匹配得到的数据。

接下来，我们分别采用了均值差（"海归"组变量均值减去本土组变量均值）、T 检验（检验均值差是否显著）和标准化偏误三种方法检验匹配样本的平衡性。表 3-2 报告了匹配中控制变量的平衡性检验结果。首先，匹配前，"海归"和本土毕业生的学历水平存在较大差别，且 T 检验的 P 值显示，其差别至少在 10% 的水平上显著；而且"海归"组的男性比例略高于本土组。由于匹配过程中对学历和性别变量进行了精确匹配，因此匹配后的均值差和标准化偏误均变为 0，且 T 检验的 P 值变为 1，即在匹配后的样本中，"海归"组和本土组在学历和性别方面完全相同。其次，从表 3-2 还可以看出，所有匹配控制变量的均值差和标准偏差的绝对值在匹配后都大幅度减小，说明匹配后样本平衡性明显提高。另外，匹配后各变量的 T 检验的 P 值均接近于 1，表明不能拒绝两组间各变量均值相同的假设。可见，虽然在匹配前，"海归"组与

---

① 匹配中，不能控制那些被海外学历影响的变量，如下面所讨论的职业、企业类型等。

本土组间存在较大且显著的差别，但匹配显著减少甚至消除了两组在可观测特征上的差别，使得"海归"组与本土组在这些方面的差别大幅度下降且不再显著。

表3-2 匹配中控制变量的平衡性检验

	匹配前			匹配后		
	均值差	T检验p-值	标准化偏误	均值差	T检验p-值	标准化偏误
收入（千元）	4.685	0.075	0.058	4.860	0.228	0.060
本科	−0.052	0.001	−0.141	0.000	1.000	0.000
硕士	0.031	0.023	0.093	0.000	1.000	0.000
博士	0.021	0.005	0.114	0.000	1.000	0.000
男性	0.002	0.924	0.004	0.000	1.000	0.000
年龄	0.197	0.620	0.020	0.154	0.773	0.017
工作经验	−0.396	0.315	−0.043	0.130	0.806	0.014
已婚	−0.030	0.122	−0.063	0.013	0.628	0.027
城镇	−0.012	0.337	−0.040	0.007	0.700	0.024
观测值数	7242			1188		

遗漏变量问题，如家庭背景等，是本章内生性问题的一个主要来源。从我们的数据中可以找到这些遗漏变量的代理变量。比如，我们可以将父母的教育程度[①]作为家庭背景的代理变量；将对问卷问题的理解能力作为个人能力的代理变量。平衡性检验结果同样显示，我们的匹配过程也减少了"海归"组和本土组的家庭背景的差异。具体的平衡性检验结果见表3-3。

---

① 采用问卷中如下问题：父母亲的文化程度是？1.没上过学；2.小学；3.初中；4.高中；5.中专/职高；6.大专/高职；7.大学本科；8.硕士研究生；9.博士研究生。将2、3、4归为小初高，5、6归为专科，7、8、9归为本科及以上。四个变量为虚拟变量。

表3-3　　　　　　　　匹配中未控制变量的平衡性检验

	匹配前			匹配后		
	均值差	T检验p-值	标准化偏误	均值差	T检验p-值	标准化偏误
母亲教育程度						
没上过学	0.043	0.062	0.094	0.020	0.510	0.042
小初高	−0.047	0.060	−0.094	−0.015	0.643	−0.031
专科	−0.028	0.038	−0.106	−0.013	0.127	−0.070
本科及以上	0.029	0.027	0.108	0.008	0.177	0.064
观测值数	6556			1098		
父亲教育程度						
没上过学	0.068	0.002	0.163	0.051	0.101	0.117
小初高	−0.067	0.019	−0.132	−0.041	0.245	−0.083
专科	−0.029	0.045	−0.108	−0.027	0.196	−0.099
本科及以上	0.024	0.140	0.080	0.017	0.447	0.052
观测值数	6489			985		

　　表3-3报告了家庭背景变量的平衡性检验结果。从中可见，在匹配后的样本中，父母教育程度的均值差与标准化偏误的绝对值均小于匹配前，说明匹配后"海归"组与本土组的父母教育程度的差别下降。而且在匹配前，其T检验的P值大都小于0.1（除父亲在本科及以上这个教育程度下大于0.1外），而匹配后其P值均大于0.1，这就说明匹配前父母教育程度存在显著差别，但是这种差别的显著性在匹配后消失。以上结果显示，虽然在匹配前，"海归"组与本土组之间在家庭背景上存在较大且显著的差别，但匹配过程显著减少了两组在家庭背景不可观测特征上的差别，使得"海归"组与本土组在这些方面的差别大幅度下降且不再显著。

　　综上，我们的结果显示，匹配使得"海归"组和本土组的特征变量的差距减小，包括已控制的变量和未控制的变量。通过匹配，"海归"样本和本土样本更具有可比性，这也将减少实证结果对模型和工具变量的依赖性，从而得到更加稳健的结论。下文的实证分析也验证了这一点。

3.4 "海归"收入分析

基于匹配的数据，我们在这一部分详细分析与本土毕业生相比，"海归"有无收入优势及其影响渠道。我们发现，与本土研究生相比，研究生"海归"的年收入显著高出20%左右，工作时长显著高出140个小时左右，小时收入显著高出32%左右；而本科"海归"与本土本科在这三方面均无显著差异。研究生"海归"的收入溢价是信号效应和人力资本效应共同作用的结果，但人力资本效应占主导地位；而本土本科和本科"海归"的人力资本水平并无显著差别，且无信号效应。我们的分析也表明：匹配之后的样本无显著的内生性问题；估计结果在不同模型设定和估计方法下都非常稳健。

3.4.1 海外学历对年收入的影响

我们首先研究海外学历对年收入的影响。基于前文统计描述的结果，本科"海归"和研究生"海归"相比于同等学历下的本土毕业生的优势不尽相同，因此我们在传统的Mincer（1974）收入方程中，引入"海归"与学历的交叉项，具体的计量模型设定如下：

$$\ln Earning = \alpha_1 Returnee*Bachelor + \alpha_2 Returnee*Graduate + \alpha_3 Bachelor + \alpha_4 Graduate + \beta X + u \tag{3-1}$$

其中，ln Earning 为个人年收入的对数；Returnee 是"海归"的虚拟变量，当观察对象的最高学历在海外取得时，其值为1，否则为0；Bachelor 为本科的虚拟变量；Graduate 为研究生的虚拟变量；X 代表其他控制变量，包括男性虚拟变量、年龄、年龄的平方、工作经验、工作经验的平方、已婚的虚拟变量、城镇虚拟变量；u 为误差项。由于我们在回归中没有加入常数项，故 α_1 反映了本科"海归"和本土本科的收入差别，而 α_2 反映了研究生"海归"和本土研究生的收入差别。估计结果见表3-4。

表3-4　　　　　　　　海外学历对年收入影响的回归结果

	年收入					
	OLS	OLS	代理变量	代理变量	IV	IV
海归*本科	−0.060	−0.064	−0.060	−0.055	−0.080	−0.072
	(0.070)	(0.072)	(0.076)	(0.081)	(0.094)	(0.094)
海归*研究生	0.182**	0.154**	0.217**	0.241**	0.390**	0.390**
	(0.075)	(0.072)	(0.106)	(0.115)	(0.171)	(0.170)
本科	7.453***	7.458***	8.505***	8.688***	7.605***	7.968***
	(0.836)	(0.885)	(0.943)	(1.106)	(0.610)	(0.612)
研究生	7.890***	7.846***	8.692***	8.841***	7.868***	8.410***
	(0.844)	(0.900)	(0.990)	(1.122)	(0.637)	(0.638)
男性	0.178**	0.167**	0.243**	0.242*	0.148**	0.135**
	(0.073)	(0.079)	(0.100)	(0.138)	(0.063)	(0.063)
年龄	0.160***	0.156***	0.155***	0.138***	0.142***	0.143***
	(0.050)	(0.050)	(0.050)	(0.047)	(0.035)	(0.035)
年龄的平方	−0.002***	−0.002***	−0.002***	−0.002***	−0.002***	−0.002***
	(0.001)	(0.001)	(0.001)	(0.001)	(0.000)	(0.000)
其他变量	控制	控制	控制	控制	控制	控制
职业类型		控制		控制		控制
父母教育程度			控制	控制		

续表

	年收入					
	OLS	OLS	代理变量	代理变量	IV	IV
弱工具变量检验						
Cragg-Donald 统计量					411.09	418.52
Stock-Yogo 10% critical value					13.43	13.43
过度识别检验						
Sargan 统计量					2.56	2.56
P-值					0.11	0.11
内生性检验						
D-W-H chi-sq test					0.42	0.67
P-值					1.00	1.00
R^2	0.989	0.990	0.994	0.993		
观测值数	1 188	1 155	980	969	1 188	1 155

注：括号内的值为省层面的聚类稳健性标准差，下同；***、**、*分别表示在 1%、5% 和 10% 的显著性水平上变量显著，下同；其他变量包括工作经验、工作经验的平方、已婚和城镇。

表 3-4 的第 1 列报告了模型（3-1）的 OLS 估计结果。其中，"海归"和研究生的交叉项的系数为 0.182，在 5% 的置信水平下显著；而"海归"和本科的交叉项的系数为 -0.060，在 10% 的置信水平下不显著。也就是说，在其他条件相同的情况下，研究生"海归"的收入比本土研究生的收入显著高出 18.2%；而本科"海归"的收入与本土本科无显著差别。同时，第 1 列回归结果还显示，研究生学历的系数显著大于本科学历，说明随着学历的提高，个人收入显著增加。男性虚拟变量的系数为 0.178，且在 5% 的水平上显著，结果说明，男性的收入显著高于女性 17.8%，这与李实等（2014）、王美艳（2005）等的发现是一致的。另外，年龄变量的系数为 0.160，而年龄的平方的系数为 -0.002，这说明，

年龄对收入的影响呈现倒"U"形，在 40 岁左右达到最高，随后随着年龄的上升，收入水平下降，并且年龄的影响在 1% 的水平上显著。表 3-4 的第 2 列在第 1 列的基础上加了职业类型控制变量，结果显示，"海归"和研究生的交叉项的系数为 0.154，与第 1 列相比略有下降，且仍在 5% 的置信水平上显著；而"海归"和本科的交叉项的系数为 −0.064，在 10% 的置信水平上仍不显著。结果说明，无论控制职业类型变量与否，相比于本土研究生，研究生"海归"的年收入均显著高出 15% 以上；而本科"海归"与本土本科的年收入无显著差距。另外，我们还可以看出，控制了职业类型后，其他变量系数的大小和显著性与第 1 列相比变化不大。

遗漏变量问题，如家庭背景等，是本章内生性问题的一个主要来源。平衡性检验的分析结果表明，我们的匹配过程减少了"海归"组和本土组的家庭背景的差异。在这一部分，我们将考虑由于家庭背景等不可观测变量的缺失而引起的可能的内生性问题，首先我们尝试了在回归方程中加入家庭背景的代理变量，然后尝试了利用工具变量进行 2SLS 估计。

表 3-4 的第 3 列报告了加入代理变量的估计结果。如前文所述，我们用父母的教育程度作为家庭背景的代理变量。结果显示，在加入家庭背景的代理变量后，"海归"与研究生交叉项的系数为 0.217，且在 5% 的水平上显著，与第 1 列的 OLS 结果相比，交叉项系数增大；而"海归"与本科交叉项的系数为 −0.060，与第 1 列的 OLS 结果相比变化不大，且仍在 10% 的水平上不显著。可以看出，在控制了家庭背景的代理变量后，两交叉项系数的大小和显著性虽与第 1 列相比有所变化，但影响不大，并且根据第 3 列的结果得到的结论与第 1 列依然相同，即研究生"海归"的年收入显著高于本土研究生的年收入，而本科"海归"的年收入与本土本科无显著差别。第 4 列是进一步控制了职业类型的结果，其中，"海归"与研究生交叉项的系数为 0.241，并在 5% 的水平上显著；而"海归"与本科交叉项的系数为 −0.055，仍在 10% 的水平上不显著。可以看出，各交叉项系数的大小和显著性与第 3 列相比差别不大，因此我们的结论基本不变。

　　进而，我们采用工具变量法重新估计了模型（3-1）。我们采用了如下三个工具变量：（1）各省出国留学的比例；（2）各省新东方数量/各省人均生产总值；（3）四次人口普查中（1982年、1990年、2000年和2010年）各省在国外人数的比例的均值。上述三个变量均从不同程度上代表了当地的留学氛围，由于出国留学行为有一定的传染效应，如果一个人处于留学风气较盛的环境，那出国留学的概率也会提高。另外，出国留学环境与个人收入不存在直接的联系。因此，我们认为上述变量作为出国留学的工具变量是合适的。表3-5列出了工具变量的一阶段估计结果。结果显示，三个工具变量的系数基本上均显著为正，说明工具变量与本科"海归"和研究生"海归"存在正向关系，也就是说，留学环境与个人是否出国留学存在正向关系。另外，一阶段F统计量的结果显示不存在弱工具变量问题。

表3-5　　　　　　　　　　　　工具变量一阶段估计结果

	"海归" * 本科	"海归" * 研究生	"海归" * 本科	"海归" * 研究生
出国留学比例	0.629***	0.593***	0.626***	0.596***
	(0.564)	(0.016)	(0.057)	(0.016)
新东方数量/人均生产总值	0.007***	0.001***	0.007***	0.001***
	(0.000)	(0.000)	(0.000)	(0.000)
在国外人数的比例	1.017	0.903***	1.097	0.885***
	(0.768)	(0.135)	(0.766)	(0.135)
一阶段F统计量	239.30	676.85	172.30	497.96
F统计量的P值	0.00	0.00	0.00	0.00
其他变量	控制	控制	控制	控制
职业类型			控制	控制

　　注：其他变量包括本科、研究生、男性、年龄、年龄的平方、工作经验、工作经验的平方、已婚和城镇。

表3-4的第5列和第6列报告了利用工具变量回归的估计结果。结果显示，"海归"与研究生的交叉项系数均在5%的水平上显著，在不控制和控制职业类型下，该系数的估计值分别为0.390和0.390；而"海归"与本科的交叉项系数分别为-0.080和-0.072，并且仍均在10%的水平上不显著。上述结果说明，在考虑了海外学历可能的内生性问题后，研究生"海归"的年收入仍显著高于本土研究生的年收入，而本科"海归"的年收入与本土本科无显著差别。这些都与1—2列的OLS估计结果相差不大。因此，利用OLS、代理变量和工具变量分别估计海外学历的收入溢价，我们均发现了比较一致的结论。此外，检验弱工具变量的Cragg-Donald统计量远高于10%偏误的临界值13.43，因此可以拒绝弱工具变量的假设。过度识别检验的统计量表明我们选取的工具变量是合理的。Durbin-Wu-Hausman内生性检验结果显示不能拒绝出国留学为外生变量的假设，表明匹配之后的样本中不存在显著的内生性问题，故此我们以OLS的结果为主。

从以上分析可见，我们的估计结果非常稳健，均得到研究生"海归"的收入显著高于本土研究生的收入，而本科"海归"的收入与本土本科无显著差别的结论。接下来，我们还进一步尝试了改变控制变量，然后用OLS、代理变量和工具变量三种方法来重新估计模型。据此，我们共得到了53个回归结果，我们发现，不同模型设定下的估计结果非常接近，"海归"与本科交叉项的估计值主要分布在-0.08~-0.05之间，"海归"与研究生交叉项的估计值主要集中于0.17~0.40之间。

综上，我们发现，研究生"海归"的收入比本土研究生的收入显著高出20%左右，而本科"海归"与本土本科无显著的收入差别。并且，我们基于匹配样本的估计结果在不同模型设定和估计方法下都非常稳健。

3.4.2　人力资本效应与信号效应

教育对收入的影响有两个主要途径：一是人力资本效应（Mincer，1958；Becker，1964）；二是信号效应（Spence，1973）。前者认为，教育作为人力资本的投资方式，可以提高个人生产力，从而提高劳动者的收入；而后者认为，教育作为劳动者生产力的信号，在信息不对称的情况下可以帮助辨别劳动者生产力高低。

本节我们从人力资本效应和信号效应两个角度，分析"海归"与本土毕业生的收入差距。首先，从人力资本效应的角度来说，由于国内外教育不尽相同，在对人力资本提升方面存在差别，而这种差别会随着专业（Zweig and Han，2008）、学历的不同而变化。一方面，文献（Zweig et al.，2004；Zweig，2006）发现，国外高等教育质量优于国内，"海归"比本土毕业生在专业知识、技能水平上更胜一筹，而且留学经历使"海归"在语言、国际文化技能、国际社会网络等方面优于本土毕业生。另一方面，国内教育体系中知识的生产可能更好地反映了国内劳动力市场的需求，并且相较于"海归"，本土毕业生对国内的行业信息及企业文化等更加了解，因此本土毕业生的人力资本可能具有更强的适用性。相比于本土毕业生，"海归"具有人力资本优势吗？这是我们在本节试图回答的一个问题。其次，从信号效应的角度来说，海外学历可能为雇主提供了一个具有更高生产力的信号，从而使得"海归"获得更高的工资；或者雇主认为海外学历的持有者对国内的行业、经济等情况的了解程度和适用性均不如本土毕业生，从而在雇佣上更倾向于本土毕业生，而给付"海归"更低的工资。

那么，"海归"的收入优势是人力资本效应的结果还是信号效应的结果，抑或二者兼而有之？这是我们在本节回答的问题。受 Lee（1980）的启发，我们在原有模型的基础上增加了海外学历与工作经验的交叉项。如果"海归"的收入优势仅仅是由于信号效应，而没有人力资本效应，那么随着工作年限的推移，雇主对职员有了越来越多的了解，信号效应会越来越弱，因而我们预期交叉项的系数为负，并且在工作一段时间之后，"海归"的收入优势将不复存在。反之，如果"海归"的收入优势仅仅是人力资本效应的结果，那么我们预期交叉项的系数为正或者不显著。此外，如果两种效应都存在的话，我们预期交叉项的系数显著为负，但由于人力资本效应的作用，我们预期经过相当长的工作年限，"海归"的收入优势依然存在。

表3-6报告了加入海外学历与工作经验交叉项后的结果。首先，"海

归"、研究生与工作经验的交叉项系数为-0.013，并在1%的水平上显著，说明随着时间的推移，雇主对职员的生产力更加了解后，研究生"海归"和本土研究生的收入差距缩小，这表明海外学历的信号效应存在。另外，"海归"与研究生的交叉项的系数为0.472，且在5%的水平上显著，也就是说，在雇佣的初始阶段，雇主付给研究生"海归"的收入明显高于本土研究生。此外，计算表明即使在工作30年之后，"海归"研究生的收入仍比本土研究生高出8.2%，虽然小于开始工作时的收入差距，但仍然相当明显。也就是说，随着工作年限的推移，雇主对职员有了越来越多的了解，信号效应越来越弱；但30年之后二者之间的收入差距仍然存在，这是单纯的信号效应难以解释的。因此，我们推断，除了信号效应，"海归"研究生也有明显的人力资本效应，且人力资本效应占主导地位。

表3-6 区分人力资本效应和信号效应

	（1）	（2）
海归*本科	-0.108	-0.128
	(0.122)	(0.162)
海归*本科*工作经验	0.005	0.007
	(0.006)	(0.010)
海归*研究生	0.472**	0.503*
	(0.226)	(0.268)
海归*研究生*工作经验	-0.013***	-0.015***
	(0.004)	(0.005)
其他变量	控制	控制
职业类型	控制	控制
父母教育程度		控制
R^2	0.990	0.995
观测值数	1155	969

注：其他变量包括本科、研究生、男性、年龄、年龄的平方、工作经验、工作经验的平方、海外学历与工作经验平方的交叉项、已婚和城镇。

本科、"海归"与工作经验交叉项的系数在10%的水平上不显著，表明本科"海归"没有显著的信号效应。而"海归"与本科的交叉项系数同样不显著，我们也无法推断出本科"海归"有明显的人力资本效应。既然如此，国外教育费用高昂，未来又不存在收入溢价，中国学生为何仍然出国读本科呢？可能的解释为：（1）教育作为一种投资方式，国内外的本科教育在经济回报上确实无差别，但作为一种消费（余秀兰，2000），国外本科教育给学生个人或家庭带来的效用可能远大于国内本科教育，因此即使在日后不能获得更高经济回报的前提下，仍有家庭愿意送小孩出国读本科；（2）由于相关信息的缺乏以及信息不对称，在家庭决策时，可能并不清楚国外与国内本科学历在经济回报上无差别；（3）可能家庭最初决定送孩子出国完成从本科到研究生所有的学历，但是由于某种原因，最终只完成了本科教育；（4）国内高考限制使得一些高考失利的学生无法在国内本科院校就读，而出国读本科则成为他们的另一个选择；（5）移民倾向（王辉耀，2010）等其他原因使得个人选择出国读本科。但受数据所限，我们无法对这些渠道一一验证。

3.4.3 海外学历对工作时长的影响

由于劳动供给将直接影响个人收入水平，研究生"海归"的收入溢价可以部分由更高的劳动供给导致，因此接下来我们将分析"海归"与本土毕业生在工作时长上的差异。在这一部分，被解释变量为一年的工作小时数，控制变量与模型（3-1）相同。估计结果见表3-7。

表3-7   海外学历对工作时长影响的估计结果

	工作时长			
	OLS	OLS	IV	IV
海归*本科	−47.679	−43.297	−40.832	−37.826
	（49.235）	（49.573）	（84.283）	（84.347）
海归*研究生	139.827*	143.829*	157.286*	169.239*
	（82.338）	（84.467）	（96.324）	（96.345）

续表

	工作时长			
	OLS	OLS	IV	IV
本科	440.387	540.382	421.238	538.322
	(535.383)	(560.456)	(397.656)	(409.282)
研究生	330.382	435.9237	329.3872	453.832
	(530.283)	(567.3983)	(409.283)	(417.382)
男性	126.783***	122.806**	138.398***	129.293***
	(46.456)	(47.990)	(42.384)	(42.483)
年龄	30.500	29.880	41.330**	38.556*
	(24.695)	(24.506)	(20.598)	(20.559)
年龄的平方	−0.417	−0.413	−0.531**	−0.531**
	(0.314)	(0.311)	(0.231)	(0.230)
其他变量	控制	控制	控制	控制
职业类型		控制		控制
弱工具变量检验				
Cragg-Donald 统计量			472.52	470.29
Stock-Yogo 10% critical value			13.43	13.43
过度识别检验				
Sargan 统计量			0.61	0.54
P-值			0.46	0.46
内生性检验				
D-W-H chi-sq test			2.07	2.02
P-值			0.99	0.99
R^2	0.935	0.935		
观测值数	1117	1108	1117	1108

注：其他变量包括工作经验、工作经验的平方、已婚和城镇。

表3-7的第1列和第2列分别列出了在控制职业类型前后的OLS估计结果。结果显示，"海归"与研究生的交叉项的系数分别为139.827和143.829，并均在10%的水平上显著为正。这说明，无论是否控制职业类型，平均来说，研究生"海归"比本土研究生一年多工作140个小时左右，且此影响显著。然而，第1列和第2列中"海归"与本科的交叉项的系数为负，且均在10%的水平上不显著，这说明本科"海归"和本土本科在工作时长上并没有显著差异。此外，男性的虚拟变量的系数为124左右，且至少在5%的水平上显著，结果说明，男性的平均工作时间比女性显著高出124个小时左右。另外，学历和年龄对个人的工作时长并不存在显著影响。

同样地，我们考虑了海外学历可能存在的内生性问题，表3-7的第3列和第4列报告了利用工具变量的估计结果，所用的工具变量依然为上文提到的三个。工具变量的回归结果显示，"海归"与研究生的交叉项系数依然在10%的水平上显著为正，在不控制和控制职业类型下，该系数的估计值分别约为157和169。而"海归"与本科的交叉项系数均为负，但不显著。这些都与1-2列的OLS估计结果相差不大。此外，检验弱工具变量的Cragg-Donald统计量远高于10%偏误的临界值13.43，因此可以拒绝弱工具变量的假设。过度识别检验的统计量也表明我们选取的工具变量是合理的。Durbin-Wu-Hausman内生性检验结果显示不能拒绝出国留学为外生变量的假设，表明匹配之后的样本中不存在显著的内生性问题。因此，我们仍以OLS结果为主。

综上，研究生"海归"在收入和工作时长上均显著高于本土研究生，这说明较之本土研究生，研究生"海归"较高的收入部分由于其工作努力程度更高，即研究生"海归"通过增加劳动供给提高总收入；而本科"海归"与本土本科在年收入和工作时长上均无显著差别。那么在控制劳动供给之后，"海归"是否有收入优势呢？这是我们接下来考察的内容。

3.4.4 海外学历对小时收入的影响

进而，在这一部分，我们研究"海归"与本土毕业生在小时收入上的差距。被解释变量为小时收入的对数，控制变量与模型（3-1）相同。估计结果见表3-8。

表3-8　　　　　海外学历对小时收入影响的估计结果

	小时收入			
	OLS	OLS	IV	IV
海归*本科	−0.013	−0.013	−0.045	−0.040
	（0.037）	（0.042）	（0.054）	（0.054）
海归*研究生	0.320**	0.321**	0.378**	0.366**
	（0.133）	（0.139）	（0.169）	（0.160）
其他变量	控制	控制	控制	控制
职业类型		控制		控制
弱工具变量检验				
Cragg-Donald 统计量			478.10	459.45
Stock-Yogo 10% critical value			13.43	13.43
过度识别检验				
Sargan 统计量			1.97	1.98
P-值			0.17	0.17
内生性检验				
D-W-H chi-sq test			0.28	0.39
P-值			1.00	1.00
R^2	0.968	0.969		
观测值数	1 117	1 108	1 117	1 108

　　注：其他变量包括本科、研究生、男性、年龄、年龄的平方、工作经验、工作经验的平方、已婚和城镇。

表3-8的第3列和第4列报告了利用工具变量的估计结果。结果显示，"海归"与研究生的交叉项系数在5%的水平上显著为正，在不控制和控制职业类型下，该系数的估计值分别为37.8%和36.6%。而"海归"与本科的交叉项系数为负但不显著。这些都与第1~2列的OLS估计结果相差不大。此外，检验弱工具变量的Cragg-Donald统计量远高于10%偏误的临界值13.43，因此可以拒绝弱工具变量的假设。过度识别检验的统计量也表明我们选取的工具变量是合理的。Durbin-Wu-Hausman内生性检验结果显示不能拒绝出国留学为外生变量的假设，故此我们以OLS的结果为主。

与年收入部分相似，通过在回归中加入海外学历与工作经验的交叉项，探究影响收入的人力资本效应和信号效应，得到的结论与年收入部分相同，此处将不再赘述。

综上，我们发现，研究生"海归"在总收入、工作时长和小时收入方面均显著高于本土研究生，具体而言，研究生"海归"的年收入高于本土研究生20%左右，工作时长高出140个小时左右，小时收入高出32%左右；研究生"海归"更高的收入是信号效应和人力资本效应共同作用的结果，但人力资本效应占主导地位；然而本科"海归"与本土本科在总收入和小时收入这三方面均没有显著差距，说明两者的人力资本水平相同且无信号效应。

3.5 职业、单位选择与职务晋升

我们在上文分析了"海归"和本土毕业生的收入状况，发现相比于本土研究生，研究生"海归"的年收入和小时收入均显著更高，而本土本科和本科"海归"在收入方面并不存在显著差别。在这一部分我们进一步分析二者的职业选择、职务晋升和单位选择，这些方面的差异也会造成二者间的收入差异（Zweig and Han，2008）。我们发现：相比于本土研究生，研究生"海归"更多进入收入水平较高的技术类和商业/服务类职业，在单位类型上更倾向于高收入的外资类企业；而本科"海归"在职业和单位类型选择上与本土本科无显著差别；相比于同等学历的本土研究生，"海归"研究生更容易获得更高的职位。

3.5.1 海外学历对职业选择的影响

不同职业间的收入存在差距，因此选择不同的职业类型会影响个人的工资收入。如果在劳动力市场上，某类职业的收入水平较之其他职业明显更高，而"海归"相比较本土毕业生更倾向选择这类职业，也就是说进入高薪职业的"海归"比例高于本土毕业生，那么"海归"的收入将明显更高，即海外学历通过职业选择渠道影响个人收入。下面验证海外学历影响收入的职业选择渠道。

首先我们需分析相比于本土毕业生，"海归"是否更容易选择某些职业类型。在 CHFS2017 调查中，受访者需要回答当前工作所属的职业类型。结合问卷中的问题①，我们考虑如下的职业分类：职员（包括办事人员和有关人员），领导类（包括国家机关党群组织、企事业单位负责人），技术类（专业技术人员），商业/服务类（商业及服务业人员），基础类（包括农、林、牧、渔水利生产人员、生产、运输设备操作人员及有关人员、军人）。据此，我们得到了一个多分类变量，并以此为被解释变量。由于被解释变量为多分类变量，接下来我们将采用 Multinomial Logit 模型来进行分析海外学历对职业选择的影响。我们定义职业类型变量 occupation，取值 1，2，3，4，5，分别对应于职员、领导类、技术类、商业/服务类和基础类。具体模型设定如下：

$$P(occupation_i = k | X_i) = \frac{\exp(\beta_k X_i)}{1 + \sum_{k=2}^{5} \exp(\beta_k X_i)}, \ k = 1, 2, 3, 4, 5, \qquad (3-2)$$

其中 $P(occupation_i = k)$ 代表个人 i 选择职业 k 的概率，$\beta_k X_i$ 中的解释变量与模型（3-1）相同。因模型识别的需要，我们将职员（k=1）作为参照组，即 $\beta_1 = 0$。估计结果见表3-9。

---
① 采用问卷中如下问题：该工作属于什么职业？1.国家机关党群组织、企事业单位负责人；2.专业技术人员；3.办事人员和有关人；4.商业、服务业人员；5.农、林、牧、渔水利生产人员；6.生产、运输设备操作人员及有关人员；7.军人。

表3-9 　　　　　　　　　　　职业选择的边际效应

	领导类	技术类	商业/服务类	基础类
海归*本科	−0.028	0.020	−0.010	0.012
	（0.017）	（0.037）	（0.019）	（0.009）
海归*研究生	0.003	0.236***	0.120*	−0.241***
	（0.044）	（0.085）	（0.068）	（0.056）
其他变量	已控制	已控制	已控制	已控制
观测值数	1 108	1 108	1 108	1 108

注：其他变量包括本科、研究生、男性、年龄、年龄的平方、工作经验、工作经验的平方、已婚和城镇。

表3-9列出了各职业选择的边际效应。结果显示，"海归"与研究生的交叉项在"技术类"和"商业/服务类"结果中的系数分别为0.236和0.120，并分别在1%和10%的水平上显著；"海归"与研究生的交叉项在"基础类"结果中的系数为−0.241，并在1%的水平上显著；然而，此交叉项在"领导类"结果中的系数不显著为正。以上结果说明，研究生"海归"较之本土研究生更倾向于进入技术类、商业/服务类职业，而较少进入基础类职业。而"海归"与本科的交叉项在"领导类"、"技术类"、"商业/服务类"和"基础类"结果中的系数均在10%的水平上不显著，说明本科"海归"与本土本科在这五类职业类型选择上并无显著差别。

接下来我们需验证研究生"海归"是否因进入了收入水平较高的职业，而获得收入溢价。通过在收入回归方程（3-1）中加入各职业类型（即表3-4第2列的回归），并观察职业类型变量和海外学历变量的系数大小和显著性。根据中介分析的思想，如果职业选择渠道成立，那么：（1）职业类型变量对个人年收入存在显著的影响；（2）在模型中加入职业类型变量后，海外学历对个人年收入的影响（包括系数大小和显著性）应有所下降。

我们发现，与职员类职业相比，领导类、技术类和商业/服务类这三类职业的收入显著更高，分别高出34.0%、18.0%和43.2%；而基础类比职员类职业的收入更低，但在10%的置信水平下不显著。以上分析表明，与本土研究生相比，研究生"海归"更多地从事收入水平较高的技术类、商业/服务类的职业，更少进入收入水平较低的基础类职业。而且，此时"海归"与研究生交叉项系数略有下降，下降为0.176，且在5%的显著性水平下显著；而"海归"与本科的交叉项系数仍不显著为负。因此，根据中介分析的思想，研究生"海归"比本土研究生通过更多地进入高收入的职业而获得更高的收入，但是我们仅发现了此渠道存在的微弱证据；而本科"海归"与本土本科无此方面差别，说明不存在此渠道。

出现以上现象的原因可能为研究生"海归"在技术类和商业/服务类职业中更能发挥自身的优势，或者是研究生"海归"在这类职业中更受雇主欢迎，从而更多地进入，而这类职业的高收入使得研究生"海归"与本土研究生的收入差距拉大；另外，由于本科"海归"在人力资本方面与本土本科并无显著差异，而且国内用人单位能正确地评估本科"海归"，使得本科"海归"在职业进入上与本土本科相同。

3.5.2　海外学历对职务晋升的影响

升职是个人收入提高的渠道之一。已有研究表明：政治关系网络、个人相对能力（姚洋和张牧扬，2013）和高校背景（罗党论等，2015）都会对其晋升带来影响。而研究生"海归"的社会关系网络更广（Zweig et al.，2004），个人能力和毕业的院校质量一般认为更高，所以我们预期研究生"海归"较之本土研究生更容易获得更高的职务，从而获得更高的收入。接下来我们进行验证。

首先我们将分析相比于本土毕业生，"海归"是否更容易获得更高的职务。CHFS2015问卷中问到了受访者当前工作的职务，结合问卷中的问题[①]，我们将职务级别从低到高分为如下五类：（1）普通职工；（2）（副）组/股长；（3）（副）科长、单位部门负责人、乡镇干部；（4）（副）处

---

① 采用2015问卷中如下问题：在此工作中的职务是什么？1.普通职工；2.（副）组/股长；3.（副）科长；4.（副）处长；5.（副）局长及以上；6.村干部；7.乡镇干部；8.单位部门负责人；9.单位负责人。由于2017年问卷没有涉及该问题，所以该部门均采用了2015年的数据进行了分析。

长；（5）（副）局长及以上、单位负责人，据此，我们得到一个取值1~5
的有序分类变量，并以此为被解释变量。考虑到被解释变量职务级别是
一个有序分类变量，我们接下来将采用Ordered Probit模型来分析研究生
"海归"是否较之本土研究生更容易获得更高的职务。该模型的基本设定
如下：

$$P(position_i = j|X_i) = \begin{cases} F(\omega_1 - \beta X_i) & \text{if } j = 1 \\ F(\omega_j - \beta X_i) - F(\omega_j - 1 - \beta X_i) & \text{if } j = 2,3,4 \\ 1 - F(\omega_j - 1 - \beta X_i) & \text{if } j = 5 \end{cases} \quad (3\text{-}3)$$

其中j=1~5分别对应上述五类职务级别，$\omega_1 \sim \omega_4$为阈值，解释变量
X与模型（3-1）相同，估计结果见表3-10。

从表3-10可见，"海归"与研究生的交叉项系数在5%的水平上显
著为正，这说明研究生"海归"相比于本土研究生更容易获得更高的职
务，这与Zweig等（2004）发现"海归"博士较之国内博士毕业生更容
易晋升的结论相似。此外，"海归"和本科的交叉项系数在10%的水平
上不显著，说明本科"海归"与本土本科在职务晋升方面没有显著
差别。

表3-10 晋升渠道的Ordered Probit回归结果

	职务级别
海归*本科	0.108
	（0.148）
海归*研究生	0.326**
	（0.159）
其他变量	已控制
观测值数	623

注：其他变量包括本科、研究生、男性、年龄、年龄的平方、工作经验、工作
经验的平方、已婚和城镇。

接下来我们需验证研究生"海归"是否因获得了更高的职务级别，
而获得收入溢价。同样地，我们接下来将在收入方程（3-1）中控制个
人的职务级别，并观察职务级别变量和海外学历变量的系数大小和显著

性。同样地，根据中介分析的思想，如果晋升渠道成立，那么：（1）职务级别变量对个人年收入存在显著的影响；（2）在模型中加入职务级别变量后，海外学历对个人年收入的影响（包括系数大小和显著性）应有所下降。

我们发现，在收入方程中控制了职务级别后，职务级别的系数为0.149，且在1%的显著性水平下显著，这说明职务的提高有利于增加个人的收入。而且此时，"海归"与研究生交叉项系数有所下降，且交叉项的系数仍在5%显著性水平下显著；而"海归"与本科的交叉项系数仍不显著为负。结果说明，相较之本土研究生，研究生"海归"通过获得更高的职位这一中介而增加收入；而本科"海归"虽然获得更高的职位，但对收入影响不大。也就是说，在研究生"海归"中，存在职务晋升渠道，而在本科"海归"中，此渠道不成立。

"海归"获得高职位的概率更高的原因可能为，海外留学经历培养了"海归"独立自主、更会为人做事等的能力，或者"海归"在国际文化技能、国际社会网络等方面优于本土毕业生，而较高职位的工作可能更需要"海归"某些方面的能力，因此雇主更倾向于提供"海归"更高的职位。

3.5.3 海外学历对单位类型选择的影响

不同类型单位的职工收入存在差距（Zhao，2002；杨娟等，2012），因此进入不同的单位会影响个人的工资收入。如果某类单位的收入水平较之其他单位明显更高，而"海归"相比于本土毕业生更倾向选择这类单位，那么"海归"的收入将明显高于本土毕业生，即海外学历通过单位选择渠道影响收入。下面验证海外学历影响收入的单位选择渠道。

接下来我们考察"海归"的单位类型选择。结合CFPS2015问卷中的问题①，我们考虑如下的单位分类：国有/集体类（包括国有/国有控股、集体/集体控股），私营类（包括私营/私人/个体（不含外资）、其他联营企业），外资类（包括外商独资、港澳台独资、中外合资）。据此，

---

① 采用2015问卷中如下问题：单位是什么性质的？1.国有/国有控股；2.集体/集体控股；3.私营/私人/个体（不含外资）；4.外商独资；5.港澳台独资；6.中外合资；7.其他联营企业。由于2017年问卷没有涉及该问题，所以该部门均采用了2015年的数据进行了分析。

我们得到了一个多分类变量，并以此为被解释变量。由于被解释变量为多分类变量，我们将采用 Multinomial Logit 模型进行分析，具体的模型设定与模型（3-2）相似，这里 k=1，2，3 分别对应于国有/集体类、私营类和外资类。这里我们将国有/集体类单位作为参照组。估计结果见表 3-11。

表3-11   单位选择的边际效应

	私营类	外资类
海归*本科	0.026	0.005
	(0.025)	(0.017)
海归*研究生	0.056	0.032***
	(0.072)	(0.016)
其他变量	控 制	控 制
观测值数	930	930

注：其他变量包括本科、研究生、男性、年龄、年龄的平方、工作经验、工作经验的平方、已婚和城镇。

表3-11给出了单位选择的边际效应。从中可见，研究生和"海归"的交叉项在"外资类"结果中的系数为0.032，且在1%的水平上显著；而研究生和"海归"的交叉项在"私营类"结果中的系数不显著为正。也就是说，相比于本土研究生，研究生"海归"更容易进入外资类单位，而对进入国有/集体类和私营类与本土研究所并无显著差别。另外，本科和"海归"的交叉项系数在"外资类"和"私营类"结果中均在10%的水平上不显著，说明本科"海归"与本土本科相比，进入国有/集体类、私营类和外资类这三类单位并无显著差别。

接下来我们需验证研究生"海归"是否因进入了收入水平较高的单位，而获得收入溢价。我们通过在收入方程（3-1）中控制单位类型，并观察单位类型变量和海外学历变量的系数大小和显著性。与上文所述相似，根据中介分析的思想，如果单位选择渠道成立，那么：（1）单位类型变量对个人年收入存在显著的影响；（2）在模型中加入单位类型变

量后，海外学历对个人年收入的影响（包括系数大小和显著性）应有所
下降。

估计结果显示，控制了单位类型变量后，以国有/集体类单位对照
组，私营类单位的系数显著为负，而外资类单位的系数显著为正。具体
来说，私营类单位的收入显著低于国有/集体类单位18.0%，而外资类单
位的收入显著高于国有/集体类单位36.8%。这与Zweig和Han（2008）
发现外资和中外合资等这类有国际背景的企业的工资水平高于其他企业
的结论相一致。同时，"海归"与研究生交叉项系数有所下降，且在
10%的水平下不显著，而"海归"与本科的系数仍不显著为负。以上结
果说明，相较之本土研究生，研究生"海归"确实通过进入收入更高的
外资类企业而获得显著更高的收入，而本科"海归"无此影响。即单位
选择渠道在研究生"海归"中存在，而在本科"海归"中不存在。

出现上述现象的原因可能为研究生"海归"通过海外教育获得的人
力资本更具国际化特征，使得研究生"海归"在外资类企业可以更好地
发挥自身优势，或是外资类企业更重视研究生"海归"的国际教育背景
或海外培养的人力资本，这就引起研究生"海归"更多进入外资类单
位，而这类单位的高收入使得研究生"海归"收入存在溢价；而本科
"海归"可能在此方面的优势并不明显，或是雇佣单位并不看重本科
"海归"的海外留学经历，使得与本土本科相比，在单位类型上并无显
著差别。

3.6 本章小结

我们首次使用全国性的调查数据（CHFS）系统地研究了"海归"
的收入、职业选择、晋升和单位选择等问题。我们考虑了"海归"的内
生性问题，基于匹配后的样本，采用了OLS、代理变量和工具变量的方
法，深入而严谨地分析了"海归"问题，并得到非常稳健的结论。

本章的主要发现有：研究生"海归"在总收入、工作时长和小时收
入方面均显著高于本土研究生，具体而言，研究生"海归"的年收入高
于本土研究生20%左右，工作时长高出140个小时左右，小时收入高出

32%左右；研究生"海归"更高的收入是信号效应和人力资本效应共同作用的结果，但人力资本效应占主导地位；然而本科"海归"与本土本科在总收入和小时收入这三方面均没有显著差距，说明两者的人力资本水平相同且无信号效应。

此外，本章还对"海归"的职业选择、职位晋升和单位选择进行了考察，我们发现相比于本土研究生，研究生"海归"更多进入高收入的技术类和商业/服务类行业，在单位类型上更倾向于收入水平较高的外资类企业；而本科"海归"在职业和单位类型选择上与本土本科无显著差别；同等学历下，研究生"海归"获得高职位的概率显著高于本土毕业生。

近年来，在全球经济、文化加速一体化的背景下，出国留学热持续升温。本章对出国留学经历在我国劳动力市场的经济价值进行了深入的剖析，为海外学历的市场回报提供经验证据，为政府制定相关留学政策以及社会大众的留学决策提供一定的参考，具有很强的现实和政策意义：

首先，我们发现，一般来说，研究生"海归"通过海外研究生教育获得的人力资本高于本土研究生。由于较高的人力资本将为社会经济发展提供助力，政府出台的鼓励出国留学的相关政策是具有深远意义的。

其次，中国留学生在学成后决定是否回国在一定程度上源于国内的经济机会（Zweig et al.，2004；Zweig，2006），而本章发现研究生"海归"的收入显著更高，从而为留学生的回国决定提供了实证依据，并一定程度上鼓励他们学成回国，这与政府引导智力回流的目标相一致。

最后，由于出国留学意味着家庭需支付高昂的费用，而我们发现研究生"海归"在各方面的巨大优势，以及本科"海归"在职务晋升之外没有优势，这将对中国学生是否应该选择出国留学，以及什么阶段留学提供了一定的参考。例如学生与家庭应理性对待留学，对于国际高层次的教育（硕士及以上），家庭应鼓励支持，这对提高个人日后在国内劳动力市场的价值有重要作用；而对国外本科教育，则要根据市场以及自身需求进行选择，不要盲目跟风。

4　高校第二课堂与大学毕业生起薪

4.1　引言

古语云："读万卷书，行万里路。"这不仅体现了读书的重要性，还体现了行动、实践的不可或缺性。在青少年成长过程中，学生社团这种"寓教于乐，寓学于乐"的活动形式是他们实践锻炼、接触社会的重要途径。尤其对大学生来说，社团是大学生活的重要组成部分，也被称作大学生的第二课堂[①]。首都大学生成长追踪调查（BCSPS）2009年数据显示，约89%的大学生参与过社团活动。并且，国家近年来也高度重视学生社团的作用。2014年团中央在部分地区、大学探索打造高校学生"第二成绩单"，并将其确定为高校教育成长服务类创新试点项目[②]。2016年共青团中央、教育部联合印发的《高校共青团改革实施方案》

[①]　"第二课堂"是相对于课堂教育而言，指在第一课堂外的时间进行的与第一课堂相关的教学活动，它是第一课堂的延伸和重要补充。
[②]　详见共青团中央办公厅文件（http://www.ccyl.org.cn/documents/zqbf/201403/t20140327_684682.htm）。

中提出要实施高校共青团"第二课堂成绩单"制度①，此制度已于2017年在高校全面铺开。

然而，社会大众对社团的看法却出现了分歧。一方面，在就业市场上，部分雇主除了看重学历和各项证书外，也同样重视社团和学生干部经历（Kuhn and Weinberger，2005）。例如，我国不少企业要求应聘者在个人简历中写明大学期间的学生干部经历或社团参与情况，并对有此经历的应届毕业生优先录取②。这种现象不仅存在于企业招聘过程中，在我国的公务员选拔中，也存在优先选调学生干部、团干部等的现象③。另一方面，部分老师并不支持学生加入社团或担任干部，认为这会与学业产生冲突，部分学生自身也存在社团参与会影响大学期间人力资本积累的想法④。甚至在部分招聘者眼中，应聘者的社团参与和学生干部经历都是减分项。那么，社团参与或担任社团干部对学生到底会产生何种影响？

国外研究发现参与社团活动对培育批判性思维、养成健康人格（Barron et al.，2000）、锻炼领导能力（Long and Caudill，1991），以及培养与人相处、团队合作能力（Henderson et al.，2006）的作用越来越突出，并对促进学生成才就业（Kuhn and Weinberger，2005）具有特别重要的意义。在中国，既然高校第二课堂已受到国家的高度重视，而且它对学生培养和发展影响的分歧意见也越来越成为社会大众讨论的焦点，那么在就业市场竞争日趋激烈的背景下，其对学生素质、竞争力和劳动力市场表现所产生的影响也就值得关注。与学生社团在国外所起到的作用相比，我国社团活动对个人的发展起到怎样的作用？对个人在劳动力市场的竞争力以及未来的收入的影响又如何？这一系列问题值得我们深入研究。

---

① 详见教育部文件（http://www.moe.edu.cn/jyb_xxgk/moe_1777/moe_1779/201703/t20170320_300172.html）。
② 中国通信服务总部2018年校园招聘的31个岗位中，有14个岗位的招聘要求中写道"担任学生干部"、或获得"优秀学生干部"优先（http://www.yingjiesheng.com/job-002-817-850.html）。
③ 在广东省的公务员选拔中，同等条件优先选调学生干部、团干部、中共党员。参见广东省人力资源和社会保障厅的通知（https://wenku.baidu.com/view/9edf5984e53a580216fcfecd.html）。
④ 孔悦."社团影响学习"并不是社团的问题［EB/OL］.［2013-10-21］.http://epaper.bjnews.com.cn/html/2013-10/21/content_471977.htm? div=-1.

就业起薪是评估高校毕业生工作能力的一项重要指标，较高的起薪有助于个人未来的职业发展（岳昌君和陈昭志，2015）。同时，作为刚进入劳动力市场的生力军，高校毕业生均存在缺乏工作经验、未受过在职培训等现象，毕业生的就业起薪水平更明显地受到受教育经历的影响（岳昌君和陈昭志，2015）。因此，本章利用首都大学生成长追踪调查2009—2011年的数据，从起薪的角度出发，实证研究大学生社团的回报问题。本章主要发现：大学期间的社团参与经历可以显著提高大学毕业生的起薪10%左右，且社团干部经历会进一步增加这一收入溢价（约7%）；社团参与的收入回报会随其数量、时间等因素而变化，具体而言，适时适量参与社团对起薪的提高效果最好，过时过量反而会削弱其正向作用；社团参与和社团干部的收入溢价在不同专业、学校、工作单位间，以及不同的收入水平上存在差异，其中，社团参与对低收入水平的毕业生的起薪的增长作用更明显，而社团干部对中低收入水平的毕业生的起薪提高更有利。此外，本章进一步发现社团参与和担任社团干部在提高大学生的起薪的作用机制方面存在差异：社团参与对收入的正向作用主要是通过增强个体的社会资本来实现的；而社团干部的收入溢价主要是因为社团干部经历提高了自身的人力资本。

现有文献中关于大学期间的社团活动参与的研究相对较少。一类文献关注美国的大学体育活动参与。其中，在对收入的影响方面，Long和Caudill（1991）首次关注了大学体育活动参与与人力资本积累的关系，发现美国男性运动员的年收入比非运动员高出4%，而女性运动员的收入并无溢价。Henderson等（2006）利用美国数据，发现大学运动员的平均收入更高，但是超过一半的运动员的收入低于非运动员；并且，运动员虽然在商业、军队、手工业的收入更高，但他们却更多地成为工资较低的高中老师。Olbrecht（2009）利用美国调查数据，发现大学中获得运动员奖学金的学生的未来收入显著更高，但这种收入溢价在不同的收入水平上存在差异。上述文献均关注了大学时期的体育活动参与，对其他的社团参与情况并未涉及；并且在分析大学体育活动参与对个人收入影响的作用机制方面，没有从人力资本积累、信号发送、社会资本等多方面进行实证考察。

另一类相关文献关注的是美国高中时期的活动参与[①]对未来收入的影响。其中，Kosteas（2011）利用国家青年纵向调查（NLSY）1984—2006 的面板数据，发现高中社团参与对未来收入的正向影响相当于半年的正规教育，并且此正向影响在利用兄弟姐妹的社团参与情况为工具变量进行回归后依然显著；同时，随着时间的推移，社团参与的收入溢价依然存在。除参与社团外，高中担任社团干部也将提高学生的未来收入和从事管理岗位工作的可能（Kuhn and Weinberger，2005）。此外，Kosteas（2011）还发现不同的高中社团类型的影响存在差异：体育和学术社团对收入存在显著的正向影响，而非学术社团的影响为负。Lleras（2008）利用全国教育追踪调查（NELS）数据得到了相似的结论：高中 10 年级的学生的学术和体育活动参与和 10 年后的收入正相关，但艺术活动参与和较低的收入有关。

相比于国外丰富的文献，国内鲜有第二课堂或社团活动的经济回报问题的实证研究。据我们所知，仅有两篇文章对社团参与的收入效应进行分析（蒋承等，2018），然而，他们并没有考虑学生组织或社团参与的内生性问题，对社团参与的时间和数量也没有涉及，且没有考虑不同群体中社团参与影响的异质性。此外，崔盛和吴秋翔（2018）探究了高校学生干部对就业薪酬的影响，发现担任学生干部对薪酬有显著的提升作用。

鉴于当前"第二课堂成绩单"制度在我国高校全面铺开，力求成为学校人才培养评估、学生综合素质评价、社会单位选人用人的重要依据，社团活动对学生发展和未来劳动力市场表现的促进作用不容忽视。因此，本章基于中国大学生的微观调查数据，实证研究社团参与对大学毕业生起薪这一经济回报的影响以及作用机制。

本章的主要贡献在于：（1）当前我国关于教育回报率的研究大多

[①] 在有关美国高中时期的课外活动参与对收入的影响的文献中，大部分文献仅关注了体育活动参与的影响，对其他的活动类型并未涉及，如 Barron 等（2000）等，在此不一一列举。

集中于课堂教育形式的回报问题，本章将研究视角从课堂教育转换到课堂以外的教育经历上，对社团参与在人力资本积累和收入提高方面的作用进行详细又严格的分析，利用代理变量、工具变量以及匹配等方法，充分验证了我们结果的稳健性。（2）此外，已有文献主要从是否参与社团的角度来研究，而本章同时考察了社团参与数量、社团参与时间以及是否担任社团干部，从多方面分析社团参与的收入回报问题。（3）相比于以往的有关大学社团参与的文献，我们的贡献还包括：从人力资本渠道、信号渠道和社会资本渠道探究社团参与和社团干部的收入溢价的原因，找到中国高校第二课堂有助于提高收入的作用机制。这同时丰富了我国学界对教育回报的研究，对深入了解中国的高等教育以及为政府制定更精准、有效的措施培育人才提供参考，具有一定的现实意义。

本章的结构安排如下：第二部分为数据和描述性统计；第三、第四部分实证分析了社团参与和社团干部经历对大学毕业生的起薪的影响及其影响渠道；第五部分是稳健性检验；最后一部分是结论。

4.2 数据和描述性统计

本章数据来源于中国人民大学的首都大学生成长追踪调查（BCSPS），该调查始于 2009 年，经科学抽样从北京的公立高校中抽取了 15 所高校的 5 100 名在校生，并成功访问 4 771 人，成功率为 93%，其中包括 2008 级（大一）和 2006 级（大三）样本；随后又在 2010 年、2011 年、2012 年、2013 年对 2009 年成功访问的学生进行了追访。

相比于其他相关研究数据，该数据既回溯了北京市大学生高中期间的表现，也详细反映了学生入学节点、大学成长以及就业发展等诸多信息，特别是对大学生社团参与问题进行了详细询问，为本章研究大学生社团参与与就业收入的关系提供了必要的数据基础，是相关研究数据所没有的优势。当然，本章样本基于的是北京市公办大学的学生追踪数据，虽非全国性样本，但仍对探讨大学生社团参与与收入关系问题具有一定的代表性与现实意义。

本章使用首都大学生成长跟踪调查 2009—2011 年的数据来分析大学毕业生的劳动力市场表现，由于在 2011 年的调查中，2006 级已本科毕业，2008 级仍在读，本章将所用数据限定为 2006 级样本。其中，在 2009 年初访时，2006 级样本为 2 298 个，2011 年成功追访的样本量为 1 926，包括 1 090 名已就业者和 836 名在校研究生，因此，本章最终的分析样本为 1 090 名已就业者。

关于社团参与经历的衡量，首都大学生成长跟踪调查 2009 问卷中问道"上大学以来，您参加的协会、社团、俱乐部或其他组织，大约有多少个？"若受访者回答的个数大于零，则赋值虚拟变量"社团参与"为 1；若回答的个数为零，则赋值为 0。其中参与过社团的学生有 966 人，占比 88.6%。并且，在社团参与程度上，结合问卷内容，我们得到大学生"社团参与数量"的均值为 2.44 个，大三下学期每周"社团参与时间"的均值为 3.38 个小时。此外，在社团参与的学生中，担任社团干部的学生比例为 36.3%。①

基于本章的研究问题，我们仅考虑受雇于他人的个体②。本章所用的月收入包括工资、奖金、补贴、实物收入等所有工作收入。我们在图 4-1 中给出了参与社团者和未参与社团者的月收入 log 值的分布曲线，该曲线由核密度估计得到。由图可见，两者的收入分布均呈现出尖峰分布。③我们从图中还可以看出，社团参与者的平均月收入高于未参与社团者。而且，相比于未参与社团者，参与社团者中拥有高收入的个体较多。

用到的其他人口特征包括大学生的基本特征、家庭背景、内在能力、大学期间所积累的人力资本、大学所学专业以及所在大学。表 4-1 给出了相关变量的描述统计结果。

---

① 变量"社团参与""社团参与数量""社团干部"代表的均是大学生在大一至大三期间的社团参与情况，我们在此仅考虑了大一至大三期间学生的社团参与情况，这是由于大一至大三期间是大学生参加社团的主要时期，大四时会因为换届而退出加入的社团。

② 自雇毕业生的样本量为 14 个（参与社团者 12 个，未参与社团者 2 个），仅占总样本的 1.3% 左右。而且，数据统计结果显示，相比于受雇毕业生，自雇毕业生中参与社团和未参与社团学生的月收入差距更大，因此我们的估计结果也只可能低估了社团参与的收入效应。

③ 参与社团者和未参与社团者的收入绝对值的分布曲线的特点为尖峰分布且严重右偏。

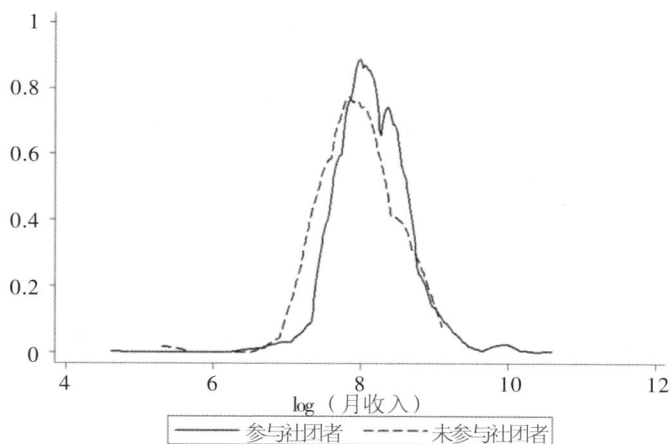

图4-1　社团参与者与未参与者的收入分布

表4-1　　　　　　　　相关变量的描述性统计

	参与社团		未参与社团		Diff.
	Mean	N	Mean	N	
月工资收入	3 982	874	3 239	107	743***
基本特征					
男性	0.485	954	0.661	121	−0.176***
年龄	23.67	954	23.77	121	−0.10
家庭背景					
父亲学历高中及以上	0.711	874	0.748	111	−0.037
母亲学历高中及以上	0.656	874	0.649	111	0.007
2010年父母收入	79 612	948	72 361	119	7 251
乡村	0.312	875	0.387	111	−0.075
内在能力					
高考优惠政策	0.218	952	0.215	121	0.003
标准化后的高考分数	0.051	944	0.010	120	0.041***
复读	0.180	941	0.227	119	−0.047

续表

	参与社团		未参与社团		Diff.
	Mean	N	Mean	N	
高中担任学生干部	0.706	868	0.459	111	0.247***
高中参与社团	0.332	875	0.240	111	0.092*
大学期间人力资本					
班级排名	0.515	940	0.441	120	0.074***
获得奖励或荣誉	0.600	952	0.264	121	0.336***
英语四级成绩	475.97	930	441.58	116	34.39***
有计算机等级证书	0.135	954	0.116	121	0.019
专业					
经济学	0.128	948	0.059	118	0.067**
法学	0.053	948	0.025	118	0.028
文学	0.185	948	0.093	118	0.092**
历史学	0.005	948	0.008	118	−0.003
理学	0.068	948	0.102	118	−0.034
工学	0.359	948	0.525	118	−0.166***
农学	0.036	948	0.017	118	0.019
医学	0.003	948	0.000	118	0.003
管理学	0.165	948	0.169	118	−0.004
学校					
985高校	0.348	954	0.215	121	0.133***
211高校	0.242	954	0.256	121	−0.014
非211高校	0.410	954	0.529	121	−0.119**

从表4-1可以看出，相比于未参与社团者，参与社团者的平均起薪显著高出743元/月。在接下来的分析中，我们将用回归方法来检验，

在控制了其他变量的影响后，收入溢价是否依然存在。

表4-1的第一部分是大学生的基本特征。从中可以看出，参与社团的学生中的男生比例显著低于未参与社团的学生（48.5%相比于66.1%），说明女生更多地参与社团活动。另外，参与社团和未参与社团的学生之间的年龄差别很小，其年龄分别为23.67岁和23.77岁，且两者间的差距是不显著的。

表4-1的第二部分给出了学生的家庭背景，包括父母的教育程度、2010年父母收入，以及家庭所在地。从中可以看出，社团参与学生的父亲的教育程度比未参与社团的学生低，但他们的母亲的教育程度较高；同时，参与社团的学生的父母收入高于未参与社团的学生；而且，参与社团的学生来自于乡村的比例更低。但是，在差别的显著性方面，两者在上述三方面的差别均不显著。这说明，参与社团和未参与社团的学生的家庭背景没有显著区别。

表4-1的第三部分报告了学生在进入大学前的人力资本情况，包括是否享受高考优惠政策、标准化后的高考分数、是否复读、高中是否担任学生干部、高中是否参与过社团。其中，在高等教育招生过程中，学生可以享受一些特殊的政策，包括获得保送资格、参加某些高校的自主招生考试，以及获得自主招生外的加分待遇等。若享有任一优惠政策，我们定义虚拟变量"高考优惠政策"为1，否则为0。表4-1的结果显示，在参与社团和未参与社团的学生中，曾享受高考优惠政策的比例相近，21.8%相比于21.5%。接下来，为了使得高考分数具有跨省可比性，我们基于考生来源省的高考录取分数线，对所有高考分数进行了标准化，标准化的公式如下：考生标准分=（考生考分－本省一本线）/本省一本线。从表4-1中可知，参与社团的学生的高考分数显著高于没有参与社团的学生。而且，参与社团的学生复读的比例低于未参与社团学生约4.7%。另外，参与社团学生在高中时期担任过学生干部的比例高达70.6%，显著高于未参与社团的学生。同时，相比于未参与社团的学生，大学参与社团的学生在高中时期就显著更多地参与社团活动。

表4-1的第四部分报告了学生在大学期间所获得的人力资本，包括班级排名、是否获得奖励或荣誉、英语四级成绩、是否取得计算机等级

证书。为了使学生在大学期间的学业表现具有跨学校和跨专业的可比性，我们利用班级排名这一指标来衡量，并将原始的班级排名作如下处理：班级排名=（1–原始班级排名）/班级总人数，新得到的班级排名指标是从0到1分布的连续变量，并且数值越高表示在班上的成绩越好。从表4-1中可以看到，参与社团的学生的班级排名高于未参与社团的学生，说明参与社团的学生的学习成绩更好，且其差距显著。同时，相比于未参与社团的学生，参与社团的学生显著更多地获得奖励或荣誉，且其英语四级成绩显著高于未参与社团的学生大约34分，但两者在是否取得计算机等级证书方面不存在显著差别。

另外，我们还给出了参与社团的大学生和不参与社团的大学生所学专业的百分比分布。参与社团学生的专业为经济学（12.8%）和文学（18.5%）的比例均显著高于未参与社团的学生（5.9%和9.3%），而专业为工学（35.9%）的比例显著低于未参与社团的学生（52.5%）。然而，两者的专业为法学、历史学、理学、农学、医学和管理学的比例并没有显著差别。

表4-1的最后一部分报告了学校的层级。我们将样本中的高校分为985高校、211高校、非211高校三类，从表4-1可知，相较于未参与社团的学生，参与社团的学生显著更多地集中于985高校，且显著更少地集中于非211高校。但在211高校中，两者的分布比例并不存在显著差别。

4.3 社团参与的收入效应分析

在这一部分，我们详细分析了大学期间的社团参与对大学毕业生起薪的影响。我们发现，社团参与对大学毕业生的起薪存在显著的正向影响，且担任社团干部会进一步增加收入溢价；而且，在社团参与的程度上，适时适量地参与社团对大学生的起薪的促进作用最大，过时过量反而会削弱其正向作用。另外，我们还发现，社团参与和社团干部的收入溢价在不同的专业、学校和单位类型，以及不同的收入水平上存在差异。

4.3.1 社团参与对毕业生起薪的影响

在这一部分，我们采用如下的计量模型来研究高校第二课堂对大学毕业生起薪的影响：

$$\ln \text{Earning} = \beta_0 + \beta_1 \text{Club} + \beta_2 X + \varepsilon \tag{4-1}$$

其中，因变量 ln Earning 为个人月收入的对数；Club 为社团参与的虚拟变量；X 为其他控制变量，包括性别、年龄、父母学历、父母收入、家庭居住地、是否享有高考优惠政策、高考分数、是否复读、高中是否为学生干部、高中是否参与过社团、班级排名、是否获得奖励或荣誉、英语四级成绩、是否有计算机等级证书。ε 是误差项，β 是待估计系数。

表 4-2 给出了社团参与对大学毕业生起薪影响的 OLS 估计结果。其中，第（1）列是仅控制学生的性别和年龄后，社团参与对毕业生起薪影响的回归结果。从中可以看出，相比于未参与社团的学生，参与社团的学生的起薪溢价约为 15.1%，且在 1% 的水平上显著。这可能是因为通过参与社团活动，大学生能够将理论知识与实际结合起来，不仅强化了大学生的专业知识水平，也提高了大学生的社会实践能力，从而增强了大学生的就业能力。同时，第（1）列的回归结果还显示，平均而言，男性毕业生的起薪比女性高 8.0% 左右，这说明在刚进入就业市场时，男性工资溢价的现象就会存在。年龄的系数不显著，这可能是由于同届大学毕业生之间的年龄差距较小。

表4-2 社团参与对起薪影响的OLS估计结果

	Log（起薪）				
	（1）	（2）	（3）	（4）	（5）
社团参与	0.151***	0.155***	0.112**	0.113**	0.102*
	（0.047）	（0.053）	（0.052）	（0.048）	（0.057）
社团干部					0.070*
					（0.039）

续表

	Log（起薪）				
	（1）	（2）	（3）	（4）	（5）
男性	0.080**	0.078**	0.062**	0.093***	0.072**
	（0.031）	（0.031）	（0.030）	（0.033）	（0.034）
年龄	0.015	0.010	0.021	0.042**	0.052***
	（0.014）	（0.015）	（0.018）	（0.018）	（0.019）
父亲学历高中及以上		0.007	0.010	−0.011	0.001
		（0.031）	（0.030）	（0.025）	（0.030）
母亲学历高中及以上		0.023	0.018	0.011	0.022
		（0.041）	（0.039）	（0.042）	（0.046）
Log（2010年父母收入）		0.020	0.012	0.020	0.017
		（0.021）	（0.028）	（0.018）	（0.019）
乡村		−0.009	−0.015	0.009	0.037
		（0.035）	（0.034）	（0.032）	（0.037）
高考优惠政策			−0.021	−0.049	−0.075
			（0.041）	（0.049）	（0.052）
高考分数			0.754***	−0.054	−0.036
			（0.210）	（0.220）	（0.254）
复读			0.003	−0.043	−0.045
			（0.045）	（0.040）	（0.042）
高中担任学生干部			0.051	0.047*	0.032
			（0.031）	（0.027）	（0.029）
高中参与社团			0.075	0.037	0.021
			（0.051）	（0.040）	（0.041）
班级排名				0.143**	0.133*
				（0.068）	（0.078）

续表

	Log（起薪）				
	（1）	（2）	（3）	（4）	（5）
获得奖励或荣誉				−0.005	−0.058
				（0.040）	（0.035）
Log（英语四级成绩）				0.124	0.143
				（0.109）	（0.119）
有计算机等级证书				0.034	0.039
				（0.051）	（0.052）
学校&专业				控制	控制
工作省份	控制	控制	控制	控制	控制
常数项	7.54***	7.43***	7.22***	6.51***	6.12***
	（0.35）	（0.47）	（0.56）	（0.91）	（0.99）
R−Square	0.144	0.143	0.181	0.281	0.278
N	972	890	870	847	729

注：括号内的值为学校和专业层面的聚类稳健性标准差，下同，除表4-6和表4-11外；***、**、*分别表示在1%、5%和10%的水平上显著，下同；全部回归均考虑了样本抽样权重，下同。

由于家庭背景因素会对学生是否参与社团产生影响，而家庭背景又与学生未来的收入相关。因此在表4-2的第（2）列中，我们进一步控制了家庭背景的代理变量，如父母的学历、父母的收入和家庭居住地是否为乡村。回归结果显示，社团参与对起薪依然具有显著的正向影响，并且相比于第（1）列，变量社团参与的系数的大小和显著性几乎不变。第（2）列的结果还显示，父母的学历、父母的收入水平和家庭居住地对大学毕业生的起薪并不存在显著的影响。

遗漏变量问题，如内在能力，是本章内生性问题的一个主要来源。对这个问题最简单的处理方法是找到一个可以衡量能力的代理变量，并将其包括在回归方程中。我们的数据中可以找到能力遗漏变量的代理变量，比如，我们可以用学生是否享受高考优惠政策、高考成绩和是否复读作为自身认知能力的代理变量，用学生在高中时期是否担任学生干部和是否参加过社团来作为自身非认知能力的代理变量。这些变量可以很好地度量学生在进入大学前的内在能力，将它们加入方程会减少"能力偏差"。表4-2的第（3）列给出了控制能力的代理变量后的估计结果。结果显示，变量社团参与的系数下降为0.112，且其显著性下降为在5%的水平上显著。相较于第（2）列的结果，社团参与对起薪的影响下降了将近30%。可能的原因为，社团参与者的内在能力高于未参与社团者（正如表4-2的描述性统计结果显示），而社团参与者较高的收入包含了因本身较高的能力而带来的收入溢价。因此，在控制了学生的内在能力后，社团参与的系数显著下降。第（3）列的结果还显示，随着高考分数的增加，大学生的起薪也显著提高。另外，高考优惠政策、复读、高中担任学生干部和高中参与社团对大学生的起薪不存在显著的影响。

表4-2的第（4）列进一步控制了大学期间积累的人力资本变量、大学所在学校和所学专业的虚拟变量，控制这些变量可以对学生的大学表现的异质性进行很好的控制。估计结果显示，在控制了这些变量后，社团参与的系数和显著性几乎没有发生变化。这说明，大学期间积累的其他人力资本并不会影响社团参与对起薪的影响。另外，估计结果还表明，大学学习成绩和毕业后的起薪有着显著的正向关系；此外，大学期间是否获得荣誉和奖励、英语四级成绩以及是否取得计算机等级证书对大学生的起薪并不存在显著影响。

接下来，通过在第（4）列的回归中加入社团干部的虚拟变量，我们又考察了担任社团干部对毕业生的起薪溢价的影响，估计结果见第（5）列。变量社团干部的系数反映了社团干部和未担任社团干部的社团参与者的收入差别，即担任社团干部的收入溢价。结果显示，社团参与和社团干部的系数分别为0.102和0.070，并均在10%的水平上显著。结果说明，相比于没有担任社团干部的社团参与成员，担任社团干部的毕业生的起薪显著高出7.0%左右，也就是说，担任社团干部会进一步增加毕业生的起薪溢价。这可能是由于担任社团干部对学生各方面的锻炼和培养优于仅参与社团活动，或是由于雇主更偏爱社团干部。

综上，在控制了个人基本特征、家庭背景、内在能力以及大学期间的人力资本后，社团参与对大学毕业生的起薪存在显著的正向作用，并且，担任社团干部会进一步提高毕业生的起薪[①]。

4.3.2 社团参与数量和时间对毕业生起薪的影响

上文的研究中，社团参与为学生是否参与社团的虚拟变量。考虑到社团参与的收入回报会随其数量、时间等因素而变化，社团参与的收入效应不能一概而论。因此，在这一部分，我们尝试了其他三种衡量社团参与程度的方式，来进一步考察社团参与对大学生起薪的影响。

第一种方式是考虑社团参与数量的绝对值，采用大学生在大一至大三期间参与的社团总数作为关键变量，并重复式（4-1）的回归，估计结果见表4-3的第（1）列。结果显示，社团参与数量的系数在10%的水平上不显著。这说明随着社团参与数量的增加，毕业生的起薪并不会随之提高。

表4-3　　其他的社团参与衡量方式对起薪影响的OLS估计结果

	Log（起薪）		
	（1）	（2）	（3）
社团参与数量	0.001		
	(0.008)		
低参与数量		0.128**	
		(0.052)	
中参与数量		0.107**	
		(0.050)	
高参与数量		0.053	
		(0.087)	

[①] 本章进一步在回归中加入省级层面的控制变量，包括人均生产总值和通货膨胀率，但不考虑省份固定效应，重复模型（4-1）的回归，得到的结果与表4-2的回归结果相差不大。

续表

	Log（起薪）		
	（1）	（2）	（3）
社团参与时间			0.040***
			(0.010)
社团参与时间的平方			−0.002***
			(0.001)
R−Square	0.276	0.280	0.295
N	847	847	847

注：其他控制变量参见表4-2的第（4）列；全部回归均控制了学校、专业和工作省份层面的固定效应，下同。

那么社团参与数量对起薪的不显著影响，是仅存在于某一参与数量区间，还是存在于整个区间呢？接下来，在第（2）列中，我们将社团参与数量以其均值加减其1个标准差为分界①，分别设"低参与数量""中参与数量""高参与数量"三个虚拟变量，并重复式（4-1）的回归。其中，若社团参与数量小于均值减1个标准差，则为低参与数量；若社团参与数量大于均值加1个标准差，则为高参与数量；若社团参与数量位于两者中间，则为中参与数量。估计结果显示，不论社团参与数量的高低，其对毕业生的起薪均存在正向作用，且较少的社团参与数量对起薪的正向作用较大。但是，仅有"低参与数量"和"中参与数量"的正向影响在5%的水平上显著，而"高参与数量"的影响在10%的水平上不显著。这说明，当学生参与的社团数量较少时，社团参与对毕业后的起薪存在显著的正向作用；而当参与数量过多时，社团参与对起薪的正向作用变得不显著。

第三种方式是考虑社团参与的时间。我们根据学生在大三下学期每周参与社团的时间定义变量"社团参与时间"，并在回归中放入"社团参与时间"及其平方项，重复式（4-1）的回归，估计结果见第（3）列。结果显示，社团参与时间和其平方项的系数分别为0.040和−0.002。

---

① 我们还尝试了利用分位点来构建虚拟变量，得到了相似的回归结果。具体而言，将社团参与数量低于25%百分比位置的样本归为低参与样本，将社团参与数量高于75%百分比位置的样本归为高参与样本，中间部分为中参与样本。

这说明社团参与时间对毕业生起薪的影响呈现倒"U"形，在10小时左右达到最高，随后随着社团参与时间的上升，起薪下降，社团参与时间的影响在1%的水平上显著。

综上，我们发现，虽然社团参与对毕业生的起薪存在显著的正向影响，但是应该适时适量地参与，过时过量的参与社团不仅不会进一步提高起薪，反而会削弱社团参与对起薪的正向作用。根据时间分配模型，如果学生在社团活动上花费的时间增加，那么必然会缩短用于其他事情的时间，如学习。若学生在社团活动上花费的时间过多，导致时间分配失衡，就可能使得从参与社团而获得的人力资本提升不足以弥补其他人力资本提升形式的损失，导致总的人力资本的提升程度下降。因此，根据人力资本理论，过时过量的社团参与会削弱其对个人收入的正向作用。并且，从信号发送的角度来说，若学生在社团上花费的时间较长或参与的数量较多，就有可能发送一个综合生产力较低的信号，使得雇主付给毕业生较低的起薪。然而，本章后续的机制分析结果显示，社团参与对起薪的影响中存在人力资本效应，而信号效应却不明显。因此，这部分发现的毕业生起薪随其社团参与程度的不同而变化，主要是社团参与的人力资本效应发挥作用。

4.3.3　异质性分析

接下来我们将样本进行分类，进一步研究社团参与对毕业生起薪的影响差异。

（1）性别间影响差异

为了研究社团参与在不同性别间的影响差异，我们在式（4-1）中加入了社团参与与男性哑变量的交叉项。表4-4的第（1）列的结果显示，社团参与和男性的交叉项的系数在10%的水平上不显著，而社团参与变量的系数在5%的水平上显著为正。这说明，社团参与对毕业生的起薪的影响在不同性别间不存在显著差异。在第（2）列中，我们进一步考察了社团干部在不同性别间的收入溢价差异。回归结果说明，男性从社团干部获得的收入溢价和女性并没有显著差别，两者从社团干部均得到收入溢价。

表4-4 社团参与对起薪影响的异质性分析

	Log（起薪）			Log（起薪）			Log（起薪）	
	（1）	（2）		（3）	（4）		（5）	（6）
社团参与	0.152**	0.149**	社团参与	0.037	0.011	社团参与	0.050	0.047
	(0.060)	(0.065)		(0.061)	(0.068)		(0.056)	(0.065)
社团参与*男性	−0.066	−0.102	社团参与*人文社科	0.203**	0.219**	社团参与*211类	0.153*	0.151*
	(0.083)	(0.087)		(0.083)	(0.088)		(0.084)	(0.088)
社团干部		0.118**	社团干部		0.098**	社团干部		0.013
		(0.056)			(0.048)			(0.067)
社团干部*男性		−0.114	社团干部*人文社科		−0.057	社团干部*211类		0.063
		(0.070)			(0.077)			(0.079)
N	847	729	N	847	729	N	847	729

注：其他控制变量参见表4-2的第（4）～（5）列；同时第（3）～（4）列还控制了人文社科的哑变量，第（5）～（6）列还控制了211类的哑变量。

（2）专业间影响差异

我们将专业分为人文社科类和理工农业类，两类分别占比51.55%和48.45%。同样地，我们在式（4-1）中加入了社团参与与人文社科哑变量的交叉项，估计结果见第（3）列。结果显示，社团参与和人文社科的交叉项的系数在5%的水平上显著为正，而社团参与的系数在10%的水平上不显著。结果说明，社团参与在人文社科专业中的收入溢价显著高于理工农业类，即社团参与对毕业生起薪的影响在专业间存在显著差异。在第（4）列中，我们又进一步考察了社团干部在不同专业间的收入溢价差异。从中可以看出，在所有专业中，担任社团干部均可以获得收入溢价，而且这种溢价在不同专业间不存在显著差异。

（3）学校间影响差异

为了研究社团参与对起薪的影响在不同学校间的差异，我们将根据学校是否为211高校将其分为211类和非211类，两类分别占比57.71%和42.29%。接下来，我们在模型（4-1）中加入了社团参与和211类哑变量的交叉项，表4-4的第（5）列给出了估计结果。回归结果显示，交叉项的系数在10%的水平上显著为正，而社团参与的系数不显著。这说明211大学中社团参与的收入溢价显著高于非211大学。结果还显示，在非211大学中，社团参与对毕业生的起薪不存在显著的正向影响。另外，我们同样也考虑了担任社团干部在不同学校间的收入溢价差异，估计结果见表4-4的第（6）列。其中，社团干部与211类的交叉项的系数在10%的水平上不显著，说明社团干部的收入效应在两类高校间并不存在显著的差别。

（4）工作单位类型间影响差异

我们将毕业生的工作单位类型分为机关事业单位、研究机构、国有/集体企业和私营企业四大类①。接下来，我们以研究机构为参照组，在模型（4-1）中加入社团参与与机关事业单位、国有/集体企业和私营企业哑变量的交叉项，表4-5第（1）列给出了估计结果。回归结果显示，社团参与经历在国有/集体企业和私营企业中的收入溢价显著高于研究机构，而在机关事业单位的溢价与研究机构中没有显著差异，即社团参与对毕业生起薪的影响在工作单位类型间存在显著差异。另外，我们同样也考虑了担任社团干部在不同单位类型间的收入溢价差异，估计结果见表4-5的第（2）列。从中可以看出，在所有工作单位中，担任社团干部均可以获得收入溢价，而且这种溢价在不同单位间不存在显著差异。

表4-5　　　　　　　社团参与对起薪影响的异质性分析

	Log（起薪）	
	（1）	（2）
社团参与	−0.149	0.177
	(0.131)	(0.136)
社团参与*机关事业单位	0.261	0.275
	(0.211)	(0.217)

① 结合问卷内容：您的工作机构属于什么性质？1.党政机关，2.学校，3.科研机构，4.除学校和科研机构外的其他事业单位，5.中央国有企业（"央企"），6."央企"以外的其他国有企业，7.集体企业，8.民营企业，9.外企、港澳台资或合资企业，10.个体户。若受访者选择1或4，则定义"机关事业单位"为1，否则为0；若选择2或3，则定义"研究机构"为1，否则为0；若选择5、6或7，则定义"国有/集体企业"为1，否则为0；若选择8、9或10，则定义"私营企业"为1，否则为0。

续表

	Log（起薪）	
	（1）	（2）
社团参与*国有/集体企业	0.305*	0.323*
	(0.155)	(0.169)
社团参与*私营企业	0.248*	0.295*
	(0.138)	(0.150)
社团干部		0.146*
		(0.086)
社团干部*机关事业单位		0.169
		(0.161)
社团干部*国有/集体企业		0.036
		(0.148)
社团干部*私营企业		0.026
		(0.149)
N	810	697

注：其他控制变量参见表4-2的第（4）~（5）列，同时还控制了党政机关、国企和私企的哑变量。

（5）不同收入间影响差异

上述研究表明，社团参与和担任社团干部对大学生的起薪存在显著的正向影响，那么这种正向影响在不同的收入水平上均成立吗？这是我们这一部分要研究的问题。

为了考察在不同收入水平上，社团参与对毕业生起薪的影响差异，本章对式（4-1）的工资方程进行了分位数回归，本章选取的9个分位点为10%、20%、30%、40%、50%、60%、70%、80%、90%。表4-6的A部分给出了社团参与对起薪影响的分位数回归结果。从系数大小上看，社团参与在收入分布的各个分位数上均对毕业生的收入具有正向作用，且随着分位数的提高，社团参与的系数基本呈现下降的趋势；从系数的显著性上看，社团参与的正向影响仅有在10%、20%、30%和60%的分位点上显著。以上结果说明，社团参与的显著的收入溢价主要集中于低收入水平的毕业生群体中。

表4-6　社团参与对起薪影响的分位数回归的估计结果

A部分	分位数								
	10%	20%	30%	40%	50%	60%	70%	80%	90%
社团参与	0.202***	0.143**	0.165***	0.073	0.073	0.125*	0.051	0.076	0.025
	(0.045)	(0.062)	(0.057)	(0.048)	(0.048)	(0.072)	(0.074)	(0.071)	(0.074)
N	842	842	842	842	842	842	842	842	842
B部分	10%	20%	30%	40%	50%	60%	70%	80%	90%
社团参与	0.184***	0.113*	0.148**	0.065	0.065	0.128*	0.061	0.081	0.072
	(0.048)	(0.068)	(0.062)	(0.055)	(0.055)	(0.074)	(0.079)	(0.077)	(0.104)
社团干部	0.019	0.049	0.094**	0.112***	0.112***	0.063	0.072	0.100*	0.074
	(0.034)	(0.048)	(0.044)	(0.039)	(0.039)	(0.053)	(0.056)	(0.055)	(0.074)
N	724	724	724	724	724	724	724	724	724

注：括号内的值为标准差；其他控制变量参见表4-2的第（4）~（5）列。

另外，表4-6的B部分报告了社团干部收入溢价的分位数回归结果，从中可以看出，社团干部的系数在各分位数下均为正，且随着分位数的提高，社团干部的回报率大小基本呈现出先上升后下降的趋势；而且，社团干部的正向溢价只有在30%、40%、50%和80%分位点上的影响显著。这说明，担任社团干部对中低收入水平的毕业生的起薪提高更有利。

4.4　社团参与对起薪的影响渠道

社团参与可以显著提高毕业生的起薪，下面探究它是如何影响个人收入的。首先，社团参与可能会通过提高人力资本或发送个人高能力的信号（Long and Caudill，1991），从而获得更高的起薪；其次，参与社团可能会提高学生的人际关系等社会资本（Smith，2003），进而找到高薪工作的机会更大。因此，社团参与可能会通过人力资本渠道、信号渠道、社会资本渠道影响毕业生的起薪。

为考察社团参与对大学生起薪的影响渠道，本章采用中介分析的逐步法，如果此影响渠道存在，那么：（1）社团参与对渠道变量具有显著的影响；（2）渠道变量对大学生起薪存在显著的效应；（3）在模型中加入渠道变量后，社团参与对起薪的影响的大小和显著性应有所下降。接下来，我们首先在本节的4.4.1部分依次验证社团参与对学生的人力资本渠道与信号渠道、社会资本渠道的影响，再在4.4.3部分将人力资本和社会资本变量依次加入式（4-1）中，观察社团参与变量的系数变化情况，据此判断上述渠道是否存在。

4.4.1　社团参与对人力资本渠道与信号渠道的影响

在这一部分，我们从教育对收入产生影响的两个基本理论——人力资本理论和信号理论出发，分析社团参与对毕业生起薪影响的作用机制。首先，从人力资本效应的角度来说，对人力资本的投资并不限于课堂教育，作为课堂外教育形式的社团参与对收入影响的推论也来自于人力资本效应：社团培养了学生相关方面的能力，如增强自控力、纪律性、团队协作能力（Barron et al.，2000），提高领导才能（Long and Caudill，1991）和锻炼交际能力（Otto and Alwin，1977）等；并且，社团还可以培养参与者相关方面的素质或技能，如文学社培养文学素养、体育社培养健康的身体等等。因此，相比于未参与社团者，社团参与者具有人力资本优势吗？这是我们在本节试图回答的一个问题。其次，从信号效应的角度来说，在劳动力市场存在信息不对称的情况下，社团参与作为个体的不可观察特征的交流手段，可以为雇主提供了一个自身生产力的信号，雇主根据这些信号特征有效地将应聘者分配到合适的职位并支付相应的工资。此时，若社团参与发送了善于沟通、更具竞争力、更有工作激情、更强的团队合作能力等的信号，则使得社团参与者更受雇主的偏爱，进而在就业和升职方面更具优势。那么，社团参与的收入溢价是否是人力资本效应与信号效应作用的结果？

接下来，我们需首先验证社团参与是否提高了成员的相关人力资本。在BCSPS调查中，受访者需分别回答大学教育对自身的社会见识、工作能力和交际能力方面成长的帮助程度，选项1~5代表帮助程度从低到高。据此，我们可以了解到学生在进入大学后相关能力的变化，并在接下来的分析中排除了因学生本身能力和社团参与的联立性而导致的内生性问题。根据上述问题，我们分别定义虚拟变量"社会见识""工作能力""交际能力"，具体而言，在每个问题中，当受访者选择选项4或5时，则定义相应的变量为1，否则为0。接下来，我们将分别以它们为被解释变量，利用Probit模型进行回归，以期观察社团参与对学生人力资本提升的影响，估计结果见表4-7。

表4-7　　　　社团参与对人力资本积累影响的估计结果

	Probit			Probit		
	社会见识	工作能力	交际能力	社会见识	工作能力	交际能力
社团参与	0.071	0.075	0.155***	0.036	0.066	0.155**
	(0.058)	(0.052)	(0.057)	(0.059)	(0.059)	(0.071)
社团干部				0.140***	0.204***	0.133***
				(0.035)	(0.040)	(0.045)
N	829	831	836	714	715	719

注：表中的结果为边际效应；其他控制变量参见表4-2的第（4）~（5）列。

回归结果显示，参与社团会显著提高学生的交际能力，即社团参与可以提高个人的人力资本。并且，相比于未担任社团干部的社团参与成员，社团干部的社会见识、工作能力和交际能力均得到了显著提升，这说明，担任社团干部将进一步提高学生的人力资本。那么在影响收入方面，是否存在人力资本渠道或信号渠道呢？在本节接下来的4.4.3部分，我们将在式（4-1）中通过控制人力资本各变量来进行验证。

4.4.2　社团参与对社会资本渠道的影响

社会资本即社会网络关系。在大学中，社团组织是与人交往的重要渠道，学生的部分时间是在社团组织中度过的，参加社团活动可以让学生有机会扩展社会网络和增强社会互动（Smith，2003），从而发展个人的社会资本。

同时，社会资本是人们获得人力资本的影响因素，并在求职过程和职业发展等方面具有重要作用。社会资本的优势者，获得高收入的可能性更大。这是由于，一方面，人们通过社会网络可以收集和了解就业信息，从而找到高收入的工作（Granovetter，1974）；另一方面，社会关系的提升可以帮助人们找到更适合自己的就业岗位。因此，社团参与成员获得的更高的社会资本有助于提高毕业后的收入（Otto and Alwin，1977），这可能是由于就业信息更好地在社团参与成员的社会网络内部传递和扩散，使得社团成员能够获取更好的就业机会信息；也可能是由于人际关系的提升，使得社团成员更易获得就业单位的青睐。

因此，在这一部分，我们将从人际关系和信息获取两方面研究社团参与是否会影响学生的社会资本。首先，根据问卷内容，我们定义了"人际关系评分"①和"人际关系满意度"②变量。接下来，我们分别以它们作为被解释变量，估计社团参与对人际关系评分的影响，表4-8的第1-2列给出了估计结果。回归结果说明，社团参与将显著提高大学生的人际关系，但对人际关系满意度提升的影响在10%的水平上不显著。

其次，BCSPS问卷中有关于受访者在找工作的过程中对各渠道的使用情况的问题，据此，我们定义了"信息获取"③变量。此外，接下来，我们以它为被解释变量，利用Ordered Probit模型估计社团参与对信息获取的影响，表4-8的第3列给出了估计结果。回归结果说明，社团参与将显著扩大大学生的就业信息获取渠道。

---

① BCSPS调查中问到受访者在大学期间与宿舍同学、班上同学、本班以外的其他同学、学生干部、任课老师、院（系）领导、院（系）团委老师、学校团委老师、学校职能部门老师的关系的密切程度，对于每一个指标我们得到一个1-5的评分，代表着密切程度由低到高，对于每一个评分变量，当受访者选择评分5时，则定义相应的虚拟变量为1，否则为0。最后，我们将各评分的虚拟变量加总，得到一个从0-9有序分布的"人际关系评分"变量。

② BCSPS问卷中有受访者对自己在大学生活中的人际关系方面的满意程度，选项1-5代表满意度从低到高，当受访者选择选项4或5时，定义虚拟变量"人际关系满意度"为1，否则为0。

③ BCSPS调查中问到受访者在找工作的过程中，对"专门面向毕业生的招聘会""本校或外校的就业信息网站""市场和社会上的求职招聘网站""用人单位的网站招聘信息""家人、师长或朋友私人介绍""学校或政府的安排、介绍"渠道的使用情况，对于每一个指标我们得到一个1-5的评分，代表使用程度由低到高，对于每一个评分变量，当受访者选择评分5时，则定义相应的虚拟变量为1，否则为0。最后，我们将各评分的虚拟变量加总，得到一个从0-6有序分布的"信息获取"变量。

表4-8　　　　　　　社团参与对社会资本影响的估计结果

	人际关系评分	人际关系满意度	信息获取	人际关系评分	人际关系满意度	信息获取
	Ordered Probit	Probit	Ordered Probit	Ordered Probit	Probit	Ordered Probit
社团参与	0.304***	0.040	0.193**	0.222*	−0.012	0.199*
	(0.115)	(0.060)	(0.097)	(0.123)	(0.065)	(0.116)
社团干部				0.348***	0.139***	0.066
				(0.087)	(0.047)	(0.076)
N	845	829	728	727	710	728

注：表中 Probit 模型的所列结果为边际效应，Ordered Probit 模型的所列结果为回归系数；其他控制变量参见表4-2的第（4）~（5）列。

最后，在第4~6列中，我们进一步考察了担任社团干部对学生社会资本的影响。从中可以看出，相比于未担任社团干部的社团参与成员，社团干部的人际关系显著更好，而在就业信息获取方面，两者并没有显著差别。

此外，需要注意的是，在正式进入职场之前，大学生会通过实习而提前进入劳动力市场，而信息渠道和信息源对实习选择行为同样具有重要影响。同时，已有研究表明，实习对学生的技能提升和能力发展有着积极的影响，包括理论知识的实践应用、专业技术能力和个人软技能（Albu et al.，2016）。而这些技能的提升与发展，可以有效地增强工作胜任力和雇佣技能。因此，实习经历会带来招聘者更多的关注、更多的工作机会以及更高的薪资水平（岳昌君等，2004）。因此，我们认为，社团参与可以通过扩大大学生的信息渠道来提高其实习的概率，从而使得大学生在就业过程中获得更好的就业机会和更高的起薪。

因此，为了更加全面地探讨社会资本在社团参与影响起薪这一过程中的作用，我们又将"实习经历"这一重要的过程变量纳入到社会资本渠道中。

接下来，我们验证了社团参与是否显著影响大学生的实习情况①。若大学生在大学四年期间有过实习经历，则定义虚拟变量"实习"为1，否则定义变量"实习"为0。接下来，我们以"实习"为被解释变量，利用Probit模型研究社团参与对实习经历的影响，估计结果见表4-9。表4-9第（1）列的结果显示，社团参与的系数在1%的水平上显著为正，说明社团参与可以显著提高大学生实习的概率。在第（2）列中，我们又考察了担任社团干部是否会进一步增加大学生参与实习的可能。结果显示，社团干部的系数在10%的水平上并不显著，这说明在社团参与者中，担任社团干部与否并不会对实习概率产生显著影响。

表4-9　　　　　　　　社团参与对实习经历影响的估计结果

	Probit	
	（1）	（2）
社团参与	0.111***	0.073*
	(0.033)	(0.039)
社团干部		0.026
		(0.035)
N	833	716

注：表中的结果为边际效应；其他控制变量参见表4-2的第（4）～（5）列。

综上，我们发现，社团参与对大学生的社会资本（包括实习）具有显著的正向作用，且担任社团干部会进一步增加社会资本溢价。接下来，在4.4.3部分，我们通过在式（4-1）中加入社会资本（包括实习）各变量来验证是否存在社会资本渠道。

4.4.3　各渠道验证

在这一部分，我们通过在方程（4-1）中分别或同时放入上述各渠道变量，并重复回归，来识别社团参与通过哪个渠道影响大学生的起薪。如果社团参与的收入溢价是通过人力资本渠道和社会资本渠道中任

① 我们还验证了信息获取能力对大学生实习概率的影响，发现信息获取能力确实显著增加了大学生的实习概率，详细回归结果此处不再赘述。

一渠道引起的，而没有信号渠道，那么我们预期在控制了各渠道变量后，社团参与的系数将变得不再显著。但是，如果在控制了各渠道变量后，社团参与的系数的大小和显著性变化不大，我们仅能推断社团参与并没有通过上述两个渠道对起薪产生影响，并不能说明是通过信号渠道的影响的结果。

表4-10的第（1）和（5）列重复了表4-2的第（4）和（5）列的相关结果，其他列分别给出了分别或全部放入各渠道变量的估计结果。从表4-10中我们可以看出，首先，较强的工作能力、就业信息获取能力和实习经历可以显著提高毕业生的起薪，而个人的社会见识、交际能力和人际关系与起薪没有显著关系。其次，各列中渠道变量的加入均降低了社团参与和社团干部的系数。具体而言，在加入社会资本各变量后，社团参与的系数下降了将近24%，且在10%的水平上不再显著，而社团干部的系数略有下降，但其显著性水平没有发生变化；而加入人力资本各变量时，社团参与的系数下降较少，且其显著性水平没有发生变化，但社团干部的系数下降了22%左右，且在10%的水平上变得不再显著。并且，在加入所有渠道变量后，社团参与和社团干部的系数较之原系数分别下降了约27%和34%，且不再具有统计意义。因此，控制上述两类渠道变量可以消除社团参与和社团干部对毕业生起薪的显著影响，这说明不存在信号渠道。再次，结合表4-7至表4-9的回归结果，总的来说，我们发现了社团参与和社团干部均通过影响大学生的人力资本和社会资本从而影响起薪的证据，但占主导效应的因素存在差异：社团参与对收入的正向作用主要是通过提高社会资本而实现的，而社团干部的收入溢价主要是因为社团干部经历提高了自身的人力资本。

表4-10　　控制中介变量后社团参与对起薪影响的估计结果

	Log（起薪）							
	（1）	（2）	（3）	（4）	（5）	（6）	（7）	（8）
社团参与	0.113**	0.107**	0.085*	0.077	0.102*	0.098*	0.078	0.075
	(0.048)	(0.050)	(0.050)	(0.050)	(0.057)	(0.058)	(0.055)	(0.054)

续表

	Log（起薪）							
	（1）	（2）	（3）	（4）	（5）	（6）	（7）	（8）
社团干部					0.070*	0.055	0.066*	0.046
					(0.039)	(0.040)	(0.038)	(0.042)
社会见识		0.013		0.025		0.004		0.036
		(0.033)		(0.033)		(0.036)		(0.040)
工作能力		0.074*		0.079*		0.065*		0.065*
		(0.038)		(0.042)		(0.039)		(0.038)
交际能力		-0.001		-0.031		-0.004		-0.047
		(0.041)		(0.039)		(0.042)		(0.042)
人际关系评分			0.003	0.001			-0.007	-0.008
			(0.020)	(0.020)			(0.023)	(0.023)
人际关系满意度			0.044	0.047			0.034	0.055
			(0.027)	(0.029)			(0.034)	(0.036)
信息获取			0.092**	0.079**			0.047**	0.041*
			(0.046)	(0.039)			(0.023)	(0.022)
实习			0.117***	0.113***			0.117***	0.116***
			(0.031)	(0.031)			(0.035)	(0.0350)
N	847	847	728	728	729	729	621	621

注：其他控制变量参见表4-2的第（4）～（5）列。

综上，我们发现，在中国高校毕业生的劳动力市场上，社团的经济价值更多的是通过提高人力资本和社会资本来体现。也就是说，社团参与通过增加大学生的人力资本和社会资本水平来提升毕业生在就业市场上的竞争力，从而获得更高的起薪，而且，较高的起薪也预示着个人未来良好的职业发展。

4.5 稳健性检验

4.5.1 内生性问题

个人是否参与社团是基于自身的某些特性而选择的结果，虽然我们已经较为全面地对个体特征变量进行控制来减少潜在的遗漏变量问题，但仍然可能存在某些不可观测变量同时与社团参与和个人收入相关，从而导致式（4-1）的OLS回归结果有偏且非一致。

本章使用工具变量法来克服潜在的内生性问题。本章分别选取学校社团活动氛围和学院社团活动氛围作为个体是否参与社团的工具变量来对这一问题进行纠正。具体来说，在BCSPS调查中，受访者要分别对所在学校和学院的社团活动情况从1至10进行打分，1表示"很差"，10表示"很好"，此评分反映了当时学校和学院的社团活动氛围。第一，社团活动氛围会对个人是否参与社团产生影响，如果学生处在一个社团活动氛围非常活跃的学校/学院，那么受到感染，学生也会积极地参与社团，反之，学生则会对社团参与懈怠。因此，学校/学院的社团活动氛围和学生的社团参与具有高度的相关性。第二，学生在校期间的学校/学院社团活动氛围与毕业后的收入水平之间具有较强的外生性。据此，学校/学院社团活动氛围作为个体社团参与的工具变量是合适的。

接下来，我们将分别采用学校社团活动氛围和学院社团活动氛围作为社团参与的工具变量来对表4-2的第（4）列重新进行回归，估计结果见表4-11。第一阶段的回归结果显示，两个工具变量均与社团参与变量有显著的正向关系。此外，检验弱工具变量的Kleibergen-Paaprk Wald F统计量均大于10，因此可以拒绝弱工具变量的假设。第二阶段的结果显示，利用工具变量法，在剔除可能存在的内生性问题以后，社团参与对毕业生起薪依然具有显著的正向影响。

表4-11   社团参与对毕业生起薪影响的工具变量估计结果

	第一阶段	第二阶段		第一阶段	第二阶段
社团参与		0.826***	社团参与		1.233*
		(0.277)			(0.697)
学校社团活动氛围	0.076***		学院社团活动氛围	0.035***	
	(0.022)			(0.007)	
K-P rk Wald F 统计量		11.64	K-P rk Wald F 统计量		25.75
其他变量	控制	控制	其他变量	控制	控制
N	847	847	N	847	847

注：括号内的值为聚类稳健性标准差；其他变量参见表4-2的第（4）列。

4.5.2　倾向得分匹配

由于潜在的社团参与的内生性问题而可能导致的自选择偏差，上文我们已经利用代理变量和工具变量的方法验证了我们结果的稳健性。在此，我们进一步利用匹配法来对这种自选择偏差加以修正，并基于匹配后的数据进行回归。通过匹配，可以在很大程度上减少由可观测和不可观测变量引起的选择性偏差问题，并且可以减少计量结果对模型的依赖性，从而得到关于社团参与溢价的更加稳健的结果。

由于未参与社团的学生数量少于参与社团的学生，在匹配中，我们为每一个未参与社团者匹配出 n 个社团参与者样本。其中，匹配变量包括男性、年龄、父母学历、父母收入、乡村、是否享有高考优惠政策、高考成绩、是否复读、高中是否为学生干部、高中是否参与过社团、班级排名、是否获得奖励或荣誉、英语四级成绩、是否有计算机等级证书、专业、学校、工作省份。在此，我们基于这些变量的倾向得分分别利用了5种匹配方法进行匹配。然后，基于匹配后的数据，我们重复式（4-1）的回归。估计结果见表4-12的A部分。

表4-12 　　　基于匹配数据的社团参与对起薪影响的估计结果

A 部分	Log（起薪）				
	n=1（无放回）	n=1	n=2	n=3	n=4
社团参与	0.149**	0.155**	0.121**	0.141**	0.151**
	(0.064)	(0.067)	(0.057)	(0.063)	(0.062)
N	180	154	203	248	284
B 部分	n=1（无放回）	n=1	n=2	n=3	n=4
社团干部	0.078*	0.062	0.086**	0.089**	0.080*
	(0.042)	(0.049)	(0.042)	(0.040)	(0.041)
N	486	385	460	503	536

注：其他控制变量参见表4-2的第（4）列；第1列为无放回的1∶1匹配，第2~5列分别为有放回的1∶1、1∶2、1∶3、1∶4匹配。

结果显示，基于多种匹配方法得到的匹配数据进行回归分析，社团参与的系数估计值非常接近，集中于0.121~0.155之间，且其影响均在5%的水平上显著，这些都与表4-2的第（4）列的OLS估计结果相差不大。

接下来，我们进一步验证社团干部的结果的稳健性。我们为每一个社团干部匹配出n个未担任社团干部的社团参与者样本，并基于匹配后的数据进行OLS回归，估计结果见表4-12的B部分。从中可以看出，社团干部的系数分布在0.062~0.089之间，且其影响大多显著。相比于表4-2的OLS回归结果，两者相差不大。以上结果均再次验证了我们结果的稳健性。

4.5.3　控制性格的代理变量

由于参与社团的成员可能更加外向、积极等，而这些不可观测的性格特征也将影响其未来的就业发展。在上文中，我们已经通过工具变量法和匹配法来降低大学生本身的内在特征对其起薪的影响。在这一部分，我们又通过在式（4-1）中加入个人的性格特征变量，包括对大学生的外向程度、为人处世能力、自信心和成功决心的衡量变量[1]，来对个人的内在性格特征加以控制，进一步排除学生自身的特性对我们结果稳健性的影响。估计结果如表4-13所示。

表4-13　控制性格代理变量后社团参与对起薪影响的估计结果

	Log（起薪）	
	（1）	（2）
社团参与	0.107**	0.101*
	(0.051)	(0.060)
社团干部		0.067*
		(0.037)
性格特征	控制	控制
N	847	729

注：其他控制变量参见表4-2的第（4）~（5）列。

表4-13的回归结果显示，社团参与和社团干部的系数仍显著为正，且相较于表4-2的第（4）列和第（5）列的结果变化不大；另外，除第（2）列中的为人处世、成功决心变量不显著为正外，第（1）~（2）其他性格特征变量的系数均显著为正。以上结果说明，好的性格对个人的起薪存在显著的正向影响；而且在考虑了个人的性格特征后，社团参与和担任社团干部对毕业生起薪的影响变化不大。

4.5.4　修正样本选择偏误

由于并非所有大学生毕业后都从事工作、都有工作收入，因此我们所观察到的数据仅仅是大学毕业后选择就业的毕业生的起薪数据。然而，起薪的高低不仅取决于已就业的大学毕业生的特征，也受包括选择

---

[1]　结合问卷内容：（1）"总的来看，您认为您的性格是倾向于内向还是外向？"，选项1~9代表外向程度从低到高。据此，我们得到一个从1~9有序分布的变量"外向"。（2）"我觉得自己不怎么会做人"，选项1~4代表适用程度从低到高。若选择1，则定义变量"为人处世"为4；若选择2，则为3；以此类推，我们得到一个从1~4有序分布的变量"为人处世"。（3）"我时常认为自己一无是处"，选项1~5代表符合程度从低到高。若选择1，则定义变量"自信心"为5；若选择2，则为4；以此类推，我们得到一个从1~5有序分布的变量"自信心"。（4）"即使别人反对我，我仍有办法取得我想要的东西"，选项1~4代表符合程度从低到高。据此，我们得到一个从1~4有序分布的变量"成功决心"。

继续读研在内的全体毕业生的特性的影响。如果在估计时未对此情况进行考虑，那么就业选择方程的误差项与起薪方程的误差项就有可能相关，从而导致由样本选择而引起的估计偏误。为抑制这种样本选择性偏差，在这一部分，本章采用考虑样本选择性偏差的 Heckman 样本选择模型来估计社团参与的收入效应，其中，选择方程是估计毕业生选择就业还是读研①。

表4-14给出了基于 Heckman 样本选择模型的收入效应估计结果。回归结果显示，逆米尔斯比 lambda 在10%的统计水平上不显著，表明了我们回归结果不存在样本选择偏误。计量结果还表明，在校正了样本在就业或读研上的选择性偏差后，社团参与和社团干部的收入效应与表4-2的结果相差不大，再次说明了结果十分稳健。

表4-14　修正样本选择偏误后的社团参与对起薪影响的估计结果

	Log（起薪）	
	（1）	（2）
社团参与	0.121***	0.108**
	(0.045)	(0.053)
社团干部		0.083**
		(0.042)
lambda	−0.022	−0.014
	(0.052)	(0.054)
Wald test（p-value）	1.62	1.58
	(0.20)	(0.21)
N	1 579	1 364

---

① 选择方程中多出的两个变量为"打算读研"和"兼职"，其中"打算读研"是学生在大学期间打算本科毕业后是否读研的虚拟变量；"兼职"即为毕业生在大学期间是否做过兼职的虚拟变量。

4.6　本章小结

　　在严峻的就业形势下，我国高等教育政策从数量扩张向质量提升调整，高校学生就业政策目标从"就业率"向"就业力"转变。如何优化人才培养环节来有效提升毕业生的可就业能力，成为重要内容。就业能力的培育和大学期间的学生参与经历息息相关，包括第一课堂参与和第二课堂参与。随着对学生综合素质和社会性适应能力的要求逐渐提高，第二课堂参与越来越成为学生参与的重要组成部分。并且，第二课堂有利于学生增强身心健康、扩大知识面、培养自身能力等，具有第一课堂无法替代的价值。因此，了解第二课堂对学生培养和发展的影响，对社会大众正确对待第二课堂、对学校制定更精准、有效的措施发挥第二课堂的作用，以及对政府出台相关政策来优化教育改革等方面提供了参考，具有重要的现实和政策意义。而国内关于此方面的研究较少，对我国高校第二课堂的作用没有深刻认识与了解，本章有助于填补这一空缺。

　　本章从社团参与和社团干部的角度出发，实证研究高校第二课堂对大学毕业生起薪的影响及作用机制。可以真正了解大学生，并制定有效的第二课堂教学活动，促进发挥第二课堂对创新人才培养、提升大学生就业竞争力的作用。利用BCSPS2009—2011年的数据，本章主要发现：（1）社团参与经历对大学毕业生的起薪具有显著的正向影响，且社团干部经历会进一步增加这一收入溢价；（2）社团参与程度对个人起薪的影响存在差异，具体而言，适时适量参与社团对起薪的提高效果最好，过时过量反而会削弱其正向作用；（3）社团参与和社团干部对毕业生起薪的影响存在异质性，这种异质性不仅存在于专业、学校和单位类型间，还存在于收入分布上；（4）此外，本章从人力资本渠道与信号渠道、社会资本渠道来探究社团参与和担任社团干部提高大学毕业生起薪的作用机制，发现两者的作用渠道存在差异：社团参与对起薪的正向作用主要源于社团参与增加了学生的社会资本；而担任社团干部的起薪溢价主要是因为社团干部经历提高了自身的人力资本水平。

　　因此，根据本章的研究结论，我们将从国家、高校和个人三个层面提出相应的政策建议：

首先，从国家层面来说，由于较高的人力资本不仅可以促进个人收入的提高，还是保持科技竞争优势、保证国家经济可持续发展的重要因素，而社团活动在促进人力资本积累方面具有显著的正向作用，所以我国实行的"第二课堂成绩单"制度具有重要的现实意义。我国政府应督促和监督全国高校，保障此制度在全国高校尽早顺利推行；并且，建议我国政府将"第二课堂成绩单"制度也纳入初等教育和中等教育中，以便更好地发挥第二课堂在学生培养方面的作用。

其次，从高校层面来说，各高校应紧跟时代的发展，在严峻的就业形势下，重视第二课堂在提高大学生全面素质和推动学校教学科研改革中的积极作用，加紧对"第二课堂"的建设，优化人才培养环节，从而全面提升办学质量以及有效提升毕业生的可就业能力；并且建议各高校成立相关部门，以便根据学生发展的需求推荐社团的参与类型、时间和数量等，合理引导大学生参与社团，使得社团发挥出最大的作用。

最后，从个人层面来说，学生、家长、老师等各方面不仅应强调和重视社团活动的作用，还应理性对待社团，尤其是大学生应该根据市场和自身需求选择社团的参与类型、数量和时间等，不要因盲目跟风而导致社团参与数量过多或与自身发展关联性较低，从而影响自身竞争力的提高和人力资本的积累。

5　成人高等教育与个人收入

5.1　引言

　　随着经济的发展和科技的进步，知识更新的频率加快，不断学习对于人民群众、社会，以及国家发展意义重大，学习型社会的概念因此应运而生[①]。在我国，学习型社会的构建得到高度重视[②]。党的十九大报告指出，要"办好继续教育，加快建设学习型社会，大力提高国民素质"；党的二十大报告中也提到"建设全民终身学习的学习型社会、学习型大国"。成人教育作为继续教育体系的重要组成部分，在建设学习型社会中处于重要地位（谢国东，2013），对提高成人群体的综合素质（Jamieson et al.，2009）、维护社会文明与经济发展（刘国斌和周修宇，2008）等有重要的现实意义。

　　教育部统计数据显示，成人高等教育在高等教育系统中的相对规模

[①]　学习型社会是美国学者罗伯特·赫钦斯于1968年首次提出的。
[②]　2001年5月，江泽民在亚太经合组织人力资源能力建设高峰会议上的讲话明确指出："构筑终身教育体系，创建学习型社会。"这是在多年讨论后，首次提出学习型社会的创建。

近三十年来呈下降趋势，但招生的绝对数近年来年均保持在 200 万人以上。其中，2021 年成人本科招生约 204 万人，成人专科招生约 174 万人，普通本科招生约 445 万人，普通专科招生约 553 万人。可以看出，随着高校的扩招，成人高等教育相对规模有所下降，但在高等教育体系中仍占重要地位。

然而，长期以来，由于成人教育得不到足够的重视及资金支持（谢国东，2013），特别是普通高等教育规模的扩大，成人高等教育质量有所下降（许玲丽等，2008）。同时，在我国劳动力市场上，成人教育学历认可度较低。鉴于当前成人高等教育的重要性和质量下降的现实，思考成人高等教育的未来定位、如何进行成人高等教育改革，从而提高其教育质量的需求越来越迫切。

本章利用中国综合社会调查（CGSS）2015 的数据，实证研究了成人高等教育对个人收入和职业选择的影响，在一定程度上对上述问题作出了回答。研究发现：相比于普通专科生，成人专科生的职业性收入显著低 17%，总收入显著低 19%；相比于普通本科生，成人本科生的职业性收入显著低出 20%，总收入显著低 21%。本章进一步从人力资本效应和信号效应的角度分析了成人高等教育与普通高等教育收入差距的成因：成人专科学历的收入劣势是人力资本效应的结果；而成人本科生的低收入是信号效应和人力资本效应共同作用的结果，但人力资本效应占主导地位。此外，从职业选择上看，成人本科生更少进入技术类职业，成人专科生在职业类型选择上与普通专科无显著差别，且收入差距分解结果显示，成人教育与普通教育的收入差距绝大部分源于职业内部的收入差异。此外，本章还将培训与成人教育进行比较，发现培训的收入回报大于成人专科的教育回报，但小于成人本科的回报；并且成人高等教育的相对回报在不同性别和地区间存在差别。

本章的结构安排如下：第二部分为文献综述；第三部分为数据与描述统计；第四部分实证分析了成人教育的收入回报，以及成人教育对职业选择等的影响；第五部分为稳健性检验；最后一部分是结论。

5.2 文献综述

关于成人接受教育的收入效益文献较为丰富，且多数文献均发现成人接受教育会带来正向的经济效应（Bennion et al.，2011），其中主要集中于对英国的研究。在英国，成人接受教育会引起收入的增加，但不同群体增加的幅度有别：女性从中获得的收益一般高于男性（Blanden et al.，2012）；低受教育程度的群体选择成人教育的可能性较低，但他们一旦接受成人教育，从中获得的收益更高（Schwerdt et al.，2012）。此外，成人接受教育会获得收入溢价的结论也大多在其他国家得到证实，如美国、瑞典、西班牙等。其中，在瑞典，相较于未取得高等教育学历的群体，在成年期取得高等学历的群体的受雇收入显著高 12%（Hällsten，2012）。在美国，无论是否取得证书，社区大学对成人均存在工资溢价（Leigh and Gill，1997；Jepsen et al.，2014）。另外，将样本限定为一定年龄段的工作群体后，接受加泰罗尼亚（西班牙）开放大学教育也对成人收入具有正向的促进作用（Castaño-Muñoz et al.，2016）。

虽然大多数文献发现成人接受教育存在正向的经济效益，但相比于传统年龄接受成人教育群体（或较早接受成人教育群体），较晚接受成人教育群体的收入较低（Holmlund et al.，2008；Blundell et al.，2000）。其中，英国成人毕业生相比于正常年龄毕业生或较早接受成人教育的毕业生的收入较低（Blundell et al.，2000）。Holmlund 等（2008）发现，瑞典推迟大学教育（即高中毕业和进入大学的时间间隔）会对收入造成持续的负向影响，且这种负向影响主要源于进入大学引起的工作经验的缺失。然而，Marcus（1984）发现，美国同等学历下中断与非中断教育的收入回报没有差别。

我国学界对成人教育的研究主要集中于理论探讨，基于中国微观数据研究成人教育对经济相关活动的作用尚不多见，且主要关注成人教育对经济发展的促进作用（刘国斌和周修宇，2008），较少涉及成人教育对个人层面经济行为的影响。仅有许玲丽等（2008）使用国家统计局

2007年城镇居民调查数据及附加的教育特别问卷数据，分析了成人本科和成人专科的教育回报。他们发现，在控制个人能力后，成人本科的教育回报显著低于普通本科，而成人专科和普通专科的教育回报没有显著差异，且成人本科和普通本科的教育回报差距在工作经验较少的群体更大，但他们没有考虑成人教育的内生性问题，且对成人教育收入效应的渠道没有进行实证分析。

鉴于当前中国每年的成人高等教育招生数已超过200万人次，且成人的素质状况直接关系到中国产业的竞争力和人员素质，成人高等教育对国民经济收入的作用不容忽视。因此，本章将对比成人高等教育相比于普通高等教育的收入效应，研究成人高等教育的回报。

关于教育对收入的影响的途径，现有文献主要从两个方面进行解释：一是人力资本理论；二是信号理论。"人力资本"可以被定义为对生产有贡献的知识、技能、态度、能力和其他获得性特征（Goode，1959），它有两个主要的具有互补性的组成部分：早期能力（获得的或是先天的）和通过正规教育或工作培训等方面的投资而获得的技能（Blundell et al.，1999）。人力资本理论（Mincer，1958；Becker，1964）认为，教育作为人力资本的投资方式，可以提高个人生产力，从而提高劳动者的收入。而信号理论与人力资本理论形成鲜明对比，因为信号理论弱化了教育在提高工人生产率方面的作用，强调教育作为个体的不可观察特征的交流手段（Weiss，1995）：教育对个体的生产力影响很小，教育的功能是向外界发送个人固有生产力的信号；在劳动力市场存在信息不对称的情况下，雇主可将个体的教育水平作为个人生产力的替代指标，支付具有较高教育水平者较高的工资。本章将从人力资本和信号两个渠道对成人高等教育影响收入的机制做出解释。

本章的主要贡献在于：详细又严格地对同等学历下成人与普通高等教育的收入差距进行研究，运用OLS、代理变量以及工具变量的方法，充分验证了研究结果的稳健性。针对成人和普通高等教育回报的差异，本章还进一步从人力资本和信号效应两个角度进行实证分析。此外，本章还系统地研究了同等学历下成人和普通高等教育毕业生在职业选择上的差距，以及发现两者的收入差距主要源于职业内部。这同时丰富了我国学界对教育回报问题的研究，对深入了解不同教育程度及制定更精准、有效的措施优化教育改革具有重大意义。

5.3　数据与变量

　　本章数据源于中国人民大学中国调查与数据中心负责执行的中国综合社会调查（CGSS）2015年的调查数据。该调查覆盖了全国28个省（自治区、直辖市）的478个村，最终获得有效问卷10 968份，旨在全面地收集社会、社区、家庭、个人等多个层次的数据，总结社会变迁的趋势，也成为分析我国微观个体的重要数据来源，也为本章研究提供了可靠的识别基础。

　　基于本章的研究问题，我们仅考虑专科及本科学历的个体。成人高等教育毕业生定义为最高学历是通过成人高等教育取得的个人，而普通高等教育毕业生定义为最高学历是通过普通高等教育取得的个人。其中，中国综合社会调查2015年数据显示，成人高等教育毕业生有426人，占专科及本科学历样本的29.18%；成人专科学历取得者241人，占专科样本的32.66%；成人本科学历取得者185人，占本科样本的25.62%。

　　本章所用收入指标有两个：个人2014年的全年职业性收入和全年总收入。图5-1给出了成人高等教育和普通高等教育毕业生的职业性收入分布曲线，该曲线由核密度（kernel density）估计得到，带宽经交叉验证法选取。可见，与普通高等教育毕业生相比，成人高等教育毕业生的职业性收入分布更加右偏，且两者均呈现出尖峰的特点。从图5-1还可看出，普通高等教育毕业生的平均职业性收入高于成人高等教育毕业生。

　　图5-2报告了成人高等教育和普通高等教育毕业生的总收入分布曲线。同样，相比于普通高等教育毕业生，成人高等教育毕业生的总收入分布更加右偏。而且，普通高等教育毕业生的平均总收入高于成人高等教育毕业生。

　　除了学历指标外，其他控制变量包括性别、年龄、工作经验、婚姻状况、子女数量、健康状态、城镇、认知能力变量、父母受教育程度、父母的职务级别。表5-1给出了其他变量的统计性描述。

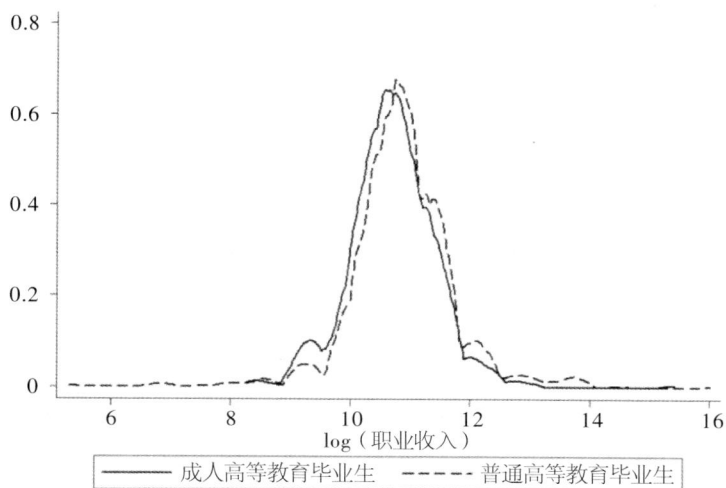

图 5-1　成人高等教育和普通高等教育毕业生的职业性收入分布

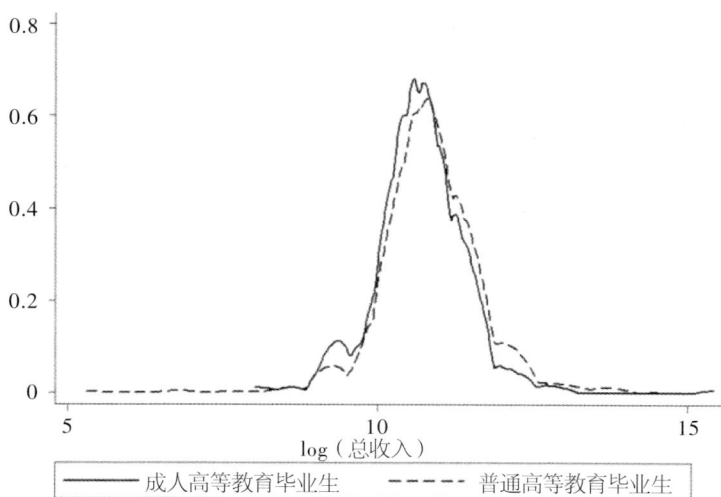

图 5-2　成人高等教育和普通高等教育毕业生的总收入分布

　　从表 5-1 可见，成人高等教育毕业生的职业性收入的平均值为 70 001 元，而普通高等教育毕业生的平均收入约 75 507 元，成人高等教育毕业生的职业性收入低于普通高等教育毕业生约 5 506 元；而且，相比于普通高等教育毕业生，成人高等教育毕业生的个人年总收入低出近

21 000元。成人高等教育毕业生的学历水平较低，其中，本科占43.4%，低于普通高等教育毕业生的51.9%。成人高等教育毕业生中男性约54.0%，与普通高等教育毕业生的51.3%相近。成人高等教育毕业生的平均年龄和工作经验分别为44.77岁和20.30年，均显著高于普通高等教育毕业生的39.87岁和14.13年。此外，成人高等教育毕业生的已婚比例和子女数量分别比普通高等教育毕业生高13.4%和0.216人。成人高等教育毕业生的健康状态比普通高等教育毕业生更差，且成人高等教育毕业生比普通高等教育毕业生居住在农村的比例更高。

从表5-1还可以看出，在认知能力方面，相比于普通高等教育毕业生，成人高等教育毕业生的认知能力低：在听普通话的能力、说普通话的能力、听英语的能力和说英语的能力四个方面的评分值均显著低于普通高等教育毕业生；在家庭背景方面，成人高等教育毕业生的父母的受教育程度均显著较低，而父母的职务级别却较高。

表5-1　　成人高等教育与普通高等教育毕业生特征比较

	成人高等教育		普通高等教育		成人-普通
	平均值Mean	数量	平均值Mean	数量	
职业性收入/年	70 001	336	75 507	787	−5 506
总收入/年	68 974	382	89 939	897	−20 965
基本特征					
专科	0.566	426	0.481	1 033	0.085***
本科	0.434	426	0.519	1 033	−0.085***
男性	0.540	426	0.513	1 033	0.027
年龄	44.77	426	39.87	1 033	4.90***
工作经验	20.30	426	14.130	1 033	6.168***
已婚	0.829	426	0.695	1 033	0.134***
子女数量	1.031	426	0.815	1 033	0.216***
健康状态	3.918	426	4.033	1 033	−0.115**
城镇	0.904	426	0.934	1 033	−0.030**

续表

	成人高等教育		普通高等教育		成人－普通
	平均值 Mean	数量	平均值 Mean	数量	
认知能力					
听普通话的能力	4.331	426	4.423	1 032	−0.092**
说普通话的能力	4.054	426	4.151	1 033	−0.097**
听英语的能力	2.223	426	2.603	1 033	−0.380***
说英语的能力	2.134	426	2.466	1 032	−0.332***
家庭背景					
父亲受教育程度	8.193	400	8.890	984	−0.697**
母亲受教育程度	6.315	406	7.235	987	−0.920***
父亲职务级别	0.937	410	0.677	988	0.260***
母亲职务级别	0.512	424	0.472	1 008	0.040
职业类型					
立法者、高级官员和管理人员	0.199	396	0.149	924	0.050**
专业人员	0.290	396	0.309	924	−0.019
技术和相关专业人员	0.136	396	0.198	924	−0.062***
办事人员	0.169	396	0.161	924	0.008
服务和销售人员	0.114	396	0.117	924	−0.003
工艺及有关人员	0.028	396	0.014	924	0.014*
厂房、机器操作员和装配工	0.043	396	0.029	924	0.014
初级职业	0.020	396	0.022	924	0.002

注：表中最后一列为成人高等教育毕业生和普通高等教育毕业生在相应特征变量上的均值差距大小及其显著性，其中，***、**、*分别表示在1%、5%和10%显著性水平上差距显著，所使用的统计分析方法为T-test。

根据ISCO-88职业分类标准，本章将受访者工作所属职业分为八大类。表5-1显示，成人高等教育毕业生为专业人员的比例最高（29%），其次为立法者、高级官员和管理人员（19.9%），但为工艺及有关人员，厂房、机器操作员和装配工，初级职业人员的总比例却不到10%。此外，相比于普通高等教育毕业生，成人高等教育毕业生更多地成为立法者、高级官员和管理人员，工艺及有关人员，更少地成为技术和相关专业人员。

5.4 成人高等教育的收入效应分析

在这一部分，我们详细分析了相比于普通高等教育，成人高等教育对个人收入的影响。我们发现，与普通高等教育毕业生相比，成人高等教育毕业生的职业性收入和总收入均显著更低；并且，成人专科生较低的收入是人力资本效应的结果，而成人本科生的收入劣势是信号效应和人力资本效应共同作用的结果。此外，我们还发现，成人高等教育与普通高等教育的收入差距绝大部分来源于职业内部的收入差异。

5.4.1 成人高等教育对收入的影响

我们首先研究成人高等教育学历对个人收入的影响。由于成人本科和成人专科相比于同等学历下的普通高等教育毕业生的收入差距不尽相同（许玲丽等，2008），本研究在传统的明瑟收入方程（Mincer，1974）中引入成人教育与学历的交叉项，计量模型设定如下：

$$\text{lnEarning} = \alpha_1 \text{Adult*College} + \alpha_2 \text{Adult*Bachelor} + \alpha_3 \text{College} + \alpha_4 \text{Bachelor} + \beta X + \mu \tag{5-1}$$

其中 lnEarning 为个人收入的对数；Adult 是成人教育的虚拟变量，当观察对象的最高学历为成人高等教育学历时，其值为1，否则为0；College 为专科的虚拟变量；Bachelor 为本科的虚拟变量；X 代表其他控制变量，包括男性虚拟变量、年龄及其平方、工作经验及其平方、婚姻状态、子女数量、健康状态、城镇、认知能力变量、父母受教育程度、父母的职务级别；μ 为误差项。我们在回归中没有加入常数项，故 α_1 反映了成人专科和普通专科的收入差别，而 α_2 反映了成人本科和普通本科的收入差别（见表5-2）。

表5-2 成人高等教育对个人收入的影响

	职业性收入			总收入		
	（1）	（2）	（3）	（4）	（5）	（6）
成人*专科	−0.221***	−0.206***	−0.167**	−0.231***	−0.219***	−0.186***
	（0.056）	（0.059）	（0.063）	（0.050）	（0.049）	（0.051）
成人*本科	−0.228***	−0.192**	−0.195**	−0.234***	−0.193***	−0.205***
	（0.076）	（0.074）	（0.079）	（0.070）	（0.067）	（0.072）
专科	8.843***	8.303***	8.298***	9.585***	8.977***	8.885***
	（0.511）	（0.531）	（0.573）	（0.322）	（0.341）	（0.364）
本科	9.079***	8.491***	8.512***	9.795***	9.127***	9.058***
	（0.509）	（0.535）	（0.586）	（0.336）	（0.360）	（0.388）
男性	0.318***	0.351***	0.380***	0.283***	0.316***	0.343***
	（0.053）	（0.057）	（0.056）	（0.047）	（0.051）	（0.052）
年龄	0.055**	0.054**	0.051**	0.028**	0.028**	0.030**
	（0.021）	（0.021）	（0.019）	（0.013）	（0.013）	（0.013）
年龄^2	−0.001***	−0.000***	−0.000***	−0.000***	−0.000**	−0.000**
	（0.000）	（0.000）	（0.000）	（0.000）	（0.000）	（0.000）
工作经验	0.018	0.019	0.021*	0.029***	0.029***	0.025***
	（0.011）	（0.012）	（0.011）	（0.009）	（0.009）	（0.009）
工作经验^2	−0.001**	−0.001**	−0.001**	−0.001***	−0.001***	−0.001***
	（0.000）	（0.000）	（0.000）	（0.000）	（0.000）	（0.000）
已婚	0.010	0.009	0.005	0.036	0.037	0.054
	（0.088）	（0.085）	（0.078）	（0.066）	（0.066）	（0.065）
子女数量	−0.013	−0.010	−0.006	0.017	0.022	0.035
	（0.030）	（0.026）	（0.024）	（0.022）	（0.021）	（0.023）

续表

	职业性收入			总收入		
	（1）	（2）	（3）	（4）	（5）	（6）
健康状态	0.076*	0.063	0.063*	0.049	0.036	0.039
	（0.042）	（0.046）	（0.036）	（0.039）	（0.043）	（0.035）
城镇	0.324***	0.323***	0.289***	0.255**	0.248**	0.209**
	（0.104）	（0.098）	（0.095）	（0.101）	（0.096）	（0.098）
听普通话的能力		0.014	0.017		0.013	0.011
		（0.046）	（0.056）		（0.036）	（0.045）
说普通话的能力		0.059**	0.069*		0.071*	0.072*
		（0.028）	（0.034）		（0.038）	（0.038）
听英语的能力		−0.027	−0.034		−0.025	−0.028
		（0.047）	（0.051）		（0.053）	（0.057）
说英语的能力		0.115*	0.120*		0.122*	0.125*
		（0.061）	（0.062）		（0.065）	（0.065）
父亲受教育程度			0.019***			0.023***
			（0.006）			（0.006）
母亲受教育程度			−0.016*			−0.016*
			（0.008）			（0.009）
父亲职务级别			0.005			0.001
			（0.017）			（0.014）
母亲职务级别			−0.009			−0.013
			（0.025）			（0.026）
省份	控制	控制	控制	控制	控制	控制
R²	0.291	0.303	0.329	0.256	0.272	0.289
N	1 119	1 117	1 022	1 273	1 271	1 147

注：括号内的值为省层面的聚类稳健性标准差，下同；***、**、*分别表示在1%、5%和10%显著性水平上变量显著，下同；全部回归均考虑了权重，下同。

表5-2报告了模型（5-1）的普通最小二乘法（OLS）的估计结果。其中，第1列仅控制个人基础特征变量后，成人高等教育相比于普通高等教育对个人职业性收入影响的回归结果。其中，成人教育和专科的交叉项系数为-0.221，且在1%的置信水平上显著；成人教育和本科的交叉项系数为-0.228，且在1%的水平上显著。也就是说，在其他条件相同的情况下，成人专科生的职业性收入比普通专科生显著低出22.1%；成人本科生的职业性收入比普通本科生显著低出22.8%。第1列回归结果还显示，本科学历的系数显著大于专科学历，说明随着学历的提高，个人职业性收入显著增加。男性的系数为0.318，且在1%的水平上显著，说明男性的收入显著高于女性31.8%。年龄的系数为0.055，其平方系数为-0.001，说明年龄对收入的影响呈倒"U"形。同年龄的影响相似，工作经验对个人职业性收入也呈倒"U"形。最后，个人身体的健康状态和居住地与个人的职业性收入有显著关系。

内在家庭背景等遗漏变量，是本章内生性问题的主要来源。对这个问题最简单的处理方法是找到可以衡量能力或家庭背景的代理变量，并将其包括在回归方程中。本研究的数据中可以找到家庭背景遗漏变量的代理变量[1]。比如，我们可以用个人听普通话的能力、说普通话的能力、听英语的能力和说英语的能力作为内在能力的代理变量，用父母的受教育程度和父母的职务级别作为家庭背景的代理变量。这些变量可以度量个人的内在家庭背景，将它们加入方程会减少"遗漏变量偏差"。

表5-2的第2列报告了加入认知能力变量后，成人高等教育相比于普通高等教育对个人职业性收入的影响。结果显示，成人教育和专科的交叉项系数为-0.206，仍在1%的置信水平上显著；成人教育和本科的交叉项系数变为-0.192，且在5%的置信水平上显著。与第1列的结果相比，成人高等教育相比于普通高等教育对职业性收入影响的大小和显著性变化不大。从第2列的结果还可以看出，说普通话的能力和说英语的能力对个人职业性收入存在显著的正向影响。控制认知能力变量后，两者的收入差距变小，说明接受成人高等教育的个体在认知能力方面低

---

[1] 已有文献在研究教育回报时采用高中考试成绩（Brewer et al.，1999）、IQ值（Blackburn and Neumark，1992）、AFQT成绩（Leigh and Gill，1997）和其他类似的能力考试的成绩作为不可观测的能力的代理变量。

于接受普通高等教育的个体（同上文的描述统计结果），因此在控制了认知能力变量后，两者间的收入差距缩小，但影响不大，因此由能力而导致自选择偏误应该较小。

第3列给出了进一步控制家庭背景后的普通最小二乘法（OLS）的估计结果。结果显示，相比于普通专科生，成人专科生的职业性收入显著低16.7%，且在5%的水平上显著；相比于普通本科生，成人本科生的职业性收入显著低19.5%，且在5%的水平上显著，与许玲丽等（2008）得到的17%的结果相近。相较于第2列的数据，成人专科生和普通专科生的收入差距进一步缩小，而成人本科生和普通本科生的收入差距几乎不变，这可能是接受成人专科教育的个体的家庭背景与普通专科生存在显著差距。

表5-2的第（4）~（6）列给出了相比于普通高等教育，成人高等教育对个人总收入的影响，所得结果与对职业性收入影响的结果相似，此处不再赘述。

表5-2的回归结果可能是有偏且非一致的，因为可能存在某些不可观测变量同时与成人高等教育经历和收入相关，即成人高等教育可能为内生变量。虽然本研究已尽可能地对个体特征变量进行控制，包括控制个体认知家庭背景的代理变量，但模型（5-1）的OLS回归结果仍可能是有偏且非一致的。

鉴于此，为了克服潜在的内生性问题，本研究拟使用工具变量法，分别选取除本人外县/区的成人高等教育的比例作为成人高等教育的工具变量对这一问题进行纠正。首先，成人高等教育参与氛围会对个人选择继续教育产生影响，如果个人处在成人高等教育氛围活跃的地区，那么受到感染选择成人继续教育的概率就会增加。其次，当地成人高等教育氛围与个人的收入水平有一定的外生性。表5-3给出了利用工具变量对公式（5-1）重新进行回归的估计结果。

表5-3的第一阶段回归结果显示，工具变量与成人高等教育变量有显著的正向关系。此外，检验弱工具变量的Kleibergen-Paap rk Wald F统计量分别大于10%偏误的临界值的7.03，因此可以拒绝弱工具变量的假设。利用工具变量法，在剔除可能存在的内生性问题后，成人高等教

育与普通高等教育毕业生之间依然存在显著的收入差距。

表5-3　　　成人高等教育对个人收入影响的工具变量估计结果

	职业性收入			
	第一阶段			第二阶段
	成人*专科	成人*本科		
工具*专科	1.292***	−0.113**	成人*专科	−0.397*
	(0.173)	(0.047)		(0.207)
工具*本科	−0.097	1.672***	成人*本科	−0.591***
	(0.067)	(0.137)		(0.194)
F统计量	29.55	89.29	K-P rk Wald F 统计量	71.91
P值	0.00	0.00		
其他变量	控制	控制	其他变量	控制
N	1 022	1 022	N	1 022
	总收入			
工具*专科	1.242***	−0.095**	成人*专科	−0.349*
	(0.162)	(0.046)		(0.201)
工具*本科	−0.117**	1.637***	成人*本科	−0.692***
	(0.058)	(0.100)		(0.193)
F统计量	29.52	165.65	K-P rk Wald F 统计量	86.42
P值	0.00	0.00		
其他变量	控制	控制	其他变量	控制
N	1 147	1 147	N	1 147

注：其他控制变量参见表5-2的第3列和第6列。

5.4.2　人力资本效应与信号效应

上述研究表明，成人高等教育和普通高等教育在收入回报上存在差距，下面从人力资本效应和信号效应两方面分析两者产生收入差距的原因。

首先，人力资本理论（Mincer，1958；Becker，1964）认为，教育作为人力资本的投资方式，可以提高个人生产力，从而提高劳动者的收入。由于成人高等教育和普通高等教育的教育方式不尽相同，在对人力资本提升方面存在差别，而这种差别会随着学历的不同而变化（许玲丽等，2008）。一方面，成人高等教育在管理、资金、师资、课程设置等方面与普通高等教育相差甚远，教学内容和方法等缺乏系统的需求评估和研究（谢国东，2013），使得普通高等教育质量优于成人高等教育（许玲丽等，2008），也就是说，普通高等教育毕业生比成人高等教育毕业生在专业知识、技能水平上更胜一筹。并且，攻读成人高等教育的学生多为在职人员，他们大多只是为了职业晋升谋求文凭，导致其人力资本的提升有限。另一方面，成人高等教育选择的教育类型可能更好地反映了劳动者的需求，且相较于普通高等教育毕业生，成人学生学习动力和效果还优于没有工作过的普通学生（许玲丽等，2008），因此成人教育毕业生的人力资本可能有更强的适用性。相比于普通高等教育毕业生，成人高等教育毕业生的人力资本如何？这是本研究试图回答的一个问题。

其次，信号理论（Spence，1973）认为，教育作为劳动者生产力的信号，在信息不对称的情况下可以帮助辨别劳动者生产力的高低。由于成人高等教育和普通高等教育的教育质量和进入门槛等存在差别，在劳动力市场上两种类型文凭所带给雇主的信号不同：相比于普通高等教育，成人高等教育学历可能为雇主提供具有更低生产力的信号。因此，雇主根据教育水平将应聘者分配到合适的职位并支付成人高等教育毕业生较低的工资。

那么，成人高等教育毕业生的收入劣势是人力资本效应的结果，还是信号效应的结果，抑或二者兼而有之？这是本节要回答的问题。受Lee（1980）的启发，我们在模型（5-1）的基础上增加了成人高等教育学历与工作经验的交叉项。如果成人高等教育毕业生的收入劣势仅仅是由于信号效应，而没有人力资本效应，那么随着工作年限的增加，雇主对职员有了越来越多的了解，信号效应会越来越弱，因而预期交叉项的系数为正，且在工作一段时间后，成人高等教育毕业生的收入劣势将不复存在。反之，如果成人高等教育毕业生的收入劣势仅仅是人力资本效应的结果，那么预期交叉项的系数为负。此外，如果两种效应都存在，预期交叉项的系数显著为正或者不显著，但由于人力资本效应的结果，预期经过相当长的工作年限，成人教育毕业生的收入劣势依然存在。

表5-4的第（1）~（2）列是以职业性收入为被解释变量，并加入成人学历与工作经验交叉项后的回归结果。首先，成人、专科与工作经验的交叉项系数为-0.051，且在5%的水平上显著，说明随着时间的推移，雇主对职员的生产力了解后，成人专科生和普通专科生的收入差距扩大，表明成人专科学历的人力资本效应存在。另外，"成人"与"专科"的交叉项系数在10%的水平上不显著，也就是说，在雇佣初始阶段，雇主支付成人专科生的收入与普通专科生无显著差别，我们也无法推断出成人专科有明显的信号效应，即成人专科学历的收入劣势仅是人力资本效应导致的。

表5-4 区分人力资本效应和信号效应

	职业性收入		总收入	
	（1）	（2）	（3）	（4）
成人*专科	0.174	0.207	0.069	0.081
	(0.29)	(0.253)	(0.224)	(0.224)
成人*专科*工作经验	-0.051**	-0.052**	-0.036*	-0.035*
	(0.023)	(0.023)	(0.021)	(0.020)
成人*本科	-0.228*	-0.237*	-0.233*	-0.235*
	(0.133)	(0.137)	(0.124)	(0.128)
成人*本科*工作经验	-0.003	-0.001	-0.002	-0.001
	(0.006)	(0.007)	(0.005)	(0.005)
其他变量	控制	控制	控制	控制
认知能力四变量		控制		控制
R^2	0.273	0.296	0.252	0.266
N	1 020	1 018	1 149	1 147

注：其他变量包括专科、本科、男性、年龄、年龄的平方、工作经验、工作经验的平方、成人学历与工作经验平方的交叉项、已婚、子女数量、健康状态、城镇、父亲受教育程度、母亲受教育程度、父亲职务级别、母亲职务级别、省份。

另外，"成人"与"本科"的交叉项系数为-0.228，且在10%的水平上显著，说明在雇佣初始阶段，雇主支付给普通本科生的收入显著高于成人本科生，说明信号效应存在。而成人、本科与工作经验交叉项系数在10%的水平上不显著，表明随着工作年限的增加、雇主对职员的了解，且信号效应越来越弱，成人本科生和普通本科生的收入差距仍然存在且相当明显，这是单纯的信号效应难以解释的。因此，我们推论，除了信号效应，成人本科也有明显的人力资本效应，且人力资本效应占主导地位。第（3）~（4）列给出了以总收入为被解释变量的回归结果，所得结论与上文同，此处不再赘述。

综上，成人专科学历的收入劣势是由于成人专科毕业生的人力资本低于普通专科毕业生；而成人本科学历的收入劣势是因为成人本科毕业生的人力资本低于普通本科毕业生，且雇主在雇用时就识别出两者的生产力差距，且支付相应的工资。

5.4.3 职业选择和布朗分解

成人高等教育和普通高等教育作为高中教育之后的两种高等教育形式，均会带来较高的收入回报。然而，由于成人高等教育与普通高等教育在课程设置和教育目标方面的侧重点不同，使得两类毕业生面临不同的职业路径选择和机会结构。由于不同职业间的收入存在差距，进入不同的职业也会影响个人的工资收入。

为研究成人高等教育和普通高等教育之间的收入差距是否存在职业选择的原因，我们首先需分析相比于普通高等教育毕业生，成人高等教育毕业生是否更容易选择某些职业类型。我们根据ISCO-88职业分类的技术等级标准，将表5-1中的职业分为如下四类：基础类（办事人员、服务和销售人员，工艺及有关人员，厂房、机器操作员和装配工，初级职业）、技术类（技术和相关专业人员）、专业类（专业人员）和领导类（立法者、高级官员和管理人员）。据此，我们得到了一个多分类变量，并以此为被解释变量，采用Multinomial Logit模型来进行分析成人高等教育学历对职业选择的影响。我们定义职业类型变量occupation，取值

1、2、3、4，分别对应于基础类、技术类、专业类和领导类。具体模型设定如下：

$$P(\text{occupation}_i = k|X_i) = \frac{\exp(\beta_k X_i)}{1 + \sum_{k=2}^{5} \exp(\beta_k X_i)}, \quad k = 1, 2, 3, 4, \tag{5-2}$$

其中 $P(\text{occupation}_i = k)$ 代表个人 i 选择职业 k 的概率，$\beta_k X_i$ 中的解释变量与模型（5-1）相同。因模型识别的需要，我们将基础类（k = 1）作为参照组，即 $\beta_1 = 0$。估计结果见表5-5。

表5-5   职业选择

	技术类	专业类	领导类
成人*专科	−0.013	−0.024	0.016
	（0.026）	（0.048）	（0.038）
成人*本科	−0.086*	−0.012	0.003
	（0.047）	（0.035）	（0.038）
其他变量	控制	控制	控制
N	1 193	1 193	1 193

注：其他变量参见表5-2的第3列。

表5-5列出了各职业选择的边际效应。结果显示，"成人"与"专科"的交叉项系数均不显著，而"成人"与"本科"的交叉项系数仅在"技术类"结果中的系数显著为负。以上结果说明，成人本科生较之普通本科生更少地进入技术类职业，而成人专科生与普通专科生在这四类职业类型选择上并无显著差别。这与许玲丽等（2008）的描述统计结果相似，即在不同市场化程度的行业，成人本科教育学历的被认可程度和回报存在差异，因此成人本科和普通本科的行业分布存在差别；而成人专科和普通专科并没有类似的差别。

接下来我们通过在收入回归方程（5-1）中加入各职业类型，来比较各职业间的收入差距。我们发现，与基础类职业相比，技术类、专业类和领导类这三类职业的收入更高，分别高出15.7%、6.2%和26.1%，但仅有领导类的系数在5%的水平上显著，其他系数均不显著。以上分析表明，与普通本科生相比，成人本科生较少地从事收入水平较高的技术类职业，但此影响不显著。因此，我们仅发现了成人本科生比普通本科生较少地进入高收入职业而获得较低收入的微弱证据。

为了进一步探究两种不同教育类型的收入回报差异是否来自于职业分布，本章使用布朗分解法对不同教育类型的回报差异在职业内部和职业之间进行分解，来探究两种教育类型在职业内部和职业间所存在的收入差异。公式（5-3）是我们利用布朗分解法把成人高等教育毕业生和普通高等教育毕业生之间的总收入差异分解成的四个部分：

$$
\begin{aligned}
\overline{W}^F - \overline{W}^A &= \sum_j \left(P_j^F \overline{W}_j^F - P_j^A \overline{W}_j^A \right) = \sum_j \left(P_j^A \overline{W}_j^F - P_j^A \overline{W}_j^A + P_j^F \overline{W}_j^F - P_j^A \overline{W}_j^F \right) \\
&= \sum_j P_j^A \left(\overline{W}_j^F - \overline{W}_j^A \right) + \sum_j \overline{W}_j^F \left(P_j^F - P_j^A \right) \\
&= \sum_j P_j^A \hat{\beta}_j^F \left(\overline{X}_j^F - \overline{X}_j^A \right) + \sum_j P_j^A \overline{X}_j^A \left(\hat{\beta}_j^F - \hat{\beta}_j^A \right) + \sum_j \overline{W}_j^F \left(P_j^F - \hat{P}_j^A \right) + \\
&\quad \sum_j \overline{W}_j^F \left(\hat{P}_j^A - P_j^A \right)
\end{aligned}
\tag{5-3}
$$

其中上标 F 和 A 分别表示普通高等教育和成人高等教育，下标 j 表示第 j 个职业类别。$\overline{W}^F$ 和 $\overline{W}^A$ 分别代表总样本中普通高等教育毕业生和成人高等教育毕业生的平均收入的对数值，$\overline{W}_j^F$ 和 $\overline{W}_j^A$ 分别代表在第 j 个职业类别中两组毕业生的平均收入的对数值。$\overline{X}_j^F$ 和 $\overline{X}_j^A$ 分别代表在第 j 个职业类别中两组毕业生在各解释特征上的均值。$\hat{\beta}_j^F$ 和 $\hat{\beta}_j^A$ 分别代表在第 j 个职业类别中两组毕业生各自的对数收入决定方程中各解释变量所对应的系数。P_j^F 和 P_j^A 分别对应两组毕业生在第 j 个职业类别上的实际比例。$\hat{P}_j^A$ 是把成人高等教育毕业生放到普通高等教育毕业生的职业获得模式中所得到的"假设性"职业分布，即假定的在第 j 个职业类别上的比例。

通过公式（5-3）的分解步骤，我们把普通高等教育毕业生与成人高等教育毕业生之间的对数收入差异分解成以下四个组成部分：（1）由两组毕业生的特征差异 $\left(\overline{X}_j^F - \overline{X}_j^A \right)$ 带来的职业内收入差异；（2）由两组毕业生的收入方程中的系数差异 $\left(\hat{\beta}_j^F - \hat{\beta}_j^A \right)$ 带来的职业内收入差异；（3）由两组毕业生特征差异所导致的职业分布差异 $\left(P_j^F - \hat{P}_j^A \right)$ 带来的收入差异；（4）由两组毕业生职业获得模式中的系数差异所导致的职业分布差异$\left(\hat{P}_j^A - P_j^A\right)$带来的收入差异。总的来说,(1)和(2)之和代表职业内收入差异,(3)和(4)之和代表职业间收入差异;而(1)和(3)之和代表可以用特征差异解释的收入差异,(2)和(4)之和代表不能用特征差异解释的收入差异。

我们将样本分为专科和本科两个样本,并分别进行布朗分解。其中,收入方程和职业选择中包含的解释变量包括男性、年龄及其平方项、工作经验及其平方项、已婚、子女数量、健康状态、城镇、认知能力、父母受教育程度、父母职务级别。表5-6给出了布朗分解法的分析结果,包括总的收入差异和对应公式(5-3)分解后的各部分收入差异,以及可观测特征所解释/未解释部分在职业内和职业间收入差异中所占的比例。普通专科生比成人专科生的平均收入高约9.4%,在总体差异中,职业内部的收入对数差异为0.119(占总差异127%)、职业间的收入对数差异为-0.025(占总差异-27%);普通本科生比成人本科生的平均收入高约18.8%,在总体差异中,职业内部的收入对数差异为0.182(占总差异97%)、职业间的收入对数差异为0.006(占总差异3%)。因此,对成人高等教育和普通高等教育来说,导致两者收入回报差异的绝大部分原因来自于两者在职业内部的收入差异,因进入不同类型的职业而导致的收入差异较小。也就是说,不同的职业选择并不是造成普通高等教育与成人高等教育收入差异的主因,那么职业内部的收入差异最有可能来源于两者的生产力的差距,即成人高等教育毕业生的生产力较低,这也从一定程度上佐证了上一部分发现成人高等教育的收入劣势主要源于成人高等教育毕业生的较低的人力资本。

表5-6　　　　　成人高等教育与普通高等教育职业性收入
回报差距的布朗分解

	普通专科-成人专科		普通本科-成人本科	
	职业性收入对数差异	占总差异的比例	职业性收入对数差异	占总差异的比例
总差异	0.094	100%	0.188	100%
职业内部差异	0.119	127%	0.182	97%

续表

	普通专科-成人专科		普通本科-成人本科	
	职业性收入对数差异	占总差异的比例	职业性收入对数差异	占总差异的比例
可观察特征所解释差异	0.067	72%	−0.066	−35%
可观察特征未解释差异	0.052	55%	0.248	132%
职业间差异	−0.025	−27%	0.006	3%
可观察特征所解释差异	0.013	14%	0.007	4%
可观察特征未解释差异	−0.038	−41%	−0.001	−1%

5.4.4 职业培训与成人高等教育对收入的影响对比

随着经济结构转型和产业结构升级，我国的经济社会发展对技能型劳动者的需求不断增加，而成人教育的办学目的在于培养专业型、技能型、实用型人才，偏重于提高成人群体的实践技能、技术和工作能力，且成人专科本身定位于职业培训（许玲丽等，2008）。那么与同样作为注重提高技能的培训相比，成人教育的教育回报是否更高。这是我们在这一部分将要考察的内容。

CGSS问卷中有问到"在过去12个月里，您是否在工作单位或者其他地方参加过提高技能的培训"①，我们根据此问题，定义虚拟变量"培训"，并在表5-2的第（3）列和第（6）列的回归中加入培训的虚拟变量，重新进行回归。估计结果见表5-7。

表5-7第（1）列报告了以职业性收入为被解释变量的回归结果。结果显示，成人专科和成人本科的系数分别为0.130和0.408，培训的系数为0.226，从系数的绝对值上看，培训的回报大于成人专科的教育回报而小于成人本科；从系数的相对值上看，成人专科的教育回报约为培训回报的一半，而成人本科的教育回报约为培训回报的两倍。第（2）列给出的以总收入为被解释变量的回归结果，所得结论与第（1）列相似。

---

① 由于仅有1/6的受访者需要回答"培训"问题所在的模块，因此这部分应用的样本量较少，此部分所得结论的适用性可能需要在未来的研究中进一步验证。

表5-7　　　　　　　　培训与成人高等教育的收入效应比较

	职业性收入	总收入
	（1）	（2）
成人专科	0.130	0.154
	（0.149）	（0.144）
正规专科	0.316**	0.428**
	（0.136）	（0.173）
成人本科	0.408**	0.439**
	（0.173）	（0.181）
正规本科	0.434***	0.458***
	（0.116）	（0.121）
培训	0.226*	0.177
	（0.116）	（0.110）
其他变量	控制	控制
R^2	0.461	0.442
N	295	305

　　注：其他变量参见表5-2的第（3）列和第（6）列。

　　得到以上结果的原因可能是，由于近期的培训更能反映当前工作所需要的技能，更具针对性，因此参与此类培训项目，能提高个人现任工作所需的技能水平；相比较之下，以前成人专科教育所学到的技能可能与现任岗位并不匹配，因此收益率低于近期培训。又或者是，进行成人教育的原因主要是为了工作晋升职称等需要（许玲丽等，2008），因此，在技能和理论知识的学习方面并没有太多的掌握；而相比较之下，技能培训的主要目的是学习技能或其他知识，学习效果更好。已有文献（Jacobson et al.，2005）发现，成人从技术、数学和科学类专业教育中得到的收入回报较高，而从非技术类课堂得到的回报较低。

　　由于此处所用的培训指标为受访者去年是否接受培训且样本量较

少，因此所得结论的适用性需要后续研究进行考证。我们得到的培训收益率相对较高，这可能是由于研究样本为高学历人群，而高学历人群的培训效果相对更好（侯风云，2004）；还有可能是因为我们所得到的培训回报为初期回报，一般来说培训后初期的收入溢价较高，随着时间的推移会呈递减趋势（李静等，2013）。

5.4.5　性别、地区间的影响差异

接下来我们区分性别和地区，进一步研究成人高等教育相比于普通高等教育的教育回报。首先，我们关注了性别间的影响差异。

（1）性别影响差异

为了研究成人高等教育在不同性别间的影响差异，我们将样本分为男性样本和女性样本，并分别进行模型（5-1）的回归。表5-8的第一部分给出了成人高等教育在不同性别间的影响差异。其中，第（1）～（2）列给出的是以职业性收入为被解释变量的估计结果，结果显示，在男性分组中，仅有成人与本科的交叉项的系数显著为负；而在女性分组中，成人与专科、成人与本科的交叉项的系数均至少在10%的水平上显著为负。这说明，在男性中，成人本科的职业性收入回报显著低于普通本科，而成人专科与普通专科毕业生在职业性收入上无显著差距；而在女性中，无论专科还是本科教育，成人高等教育的职业性收入回报均显著小于普通高等教育。另外，第（3）～（4）列给出了以总收入为被解释变量的回归结果，得到与第（1）～（2）列相似的结论。这可能是由于男性从普通专科学到的技能和从成人专科学到的技能相似，更能运用到工作中去，因此两者的收入差距变得不显著。

（2）地区间影响差异

接下来，我们考察了不同地区的影响差异。与上文类似，我们将样本分为东部和中西部两部分①，并分别进行模型（5-1）的回归，表5-8的第二部分给出了不同地区间的影响差异。

---

① 东部地区包括北京、天津、河北、辽宁、上海、江苏、浙江、福建、山东、广东、广西、海南；中部地区包括山西、内蒙古、吉林、黑龙江、安徽、江西、河南、湖北、湖南；西部地区包括四川、重庆、贵州、云南、西藏、陕西、甘肃、宁夏、青海、新疆。

表5-8　　　　　　　　　不同群体中成人高等教育的影响差异

按性别分组

	职业性收入		总收入	
	男性	女性	男性	女性
成人*专科	−0.113	−0.266**	−0.124	−0.270***
	(0.105)	(0.099)	(0.083)	(0.079)
成人*本科	−0.243**	−0.170*	−0.247**	−0.135*
	(0.095)	(0.099)	(0.093)	(0.077)
其他变量	控制	控制	控制	控制
N	545	477	619	528

按地区分组

	职业性收入		总收入	
	东部	中西部	东部	中西部
成人*专科	−0.164**	−0.209	−0.176**	−0.226*
	(0.064)	(0.121)	(0.059)	(0.101)
成人*本科	−0.263**	−0.072	−0.257**	−0.105
	(0.096)	(0.121)	(0.089)	(0.121)
其他变量	控制	控制	控制	控制
N	657	365	749	398

注：其他变量参见表5-2的第（3）列和第（6）列。

其中，第（1）～（2）列以职业性收入为被解释变量的估计结果显示，在东部地区成人高等教育的回报显著低于普通高等教育，但在中西部地区，成人高等教育与普通高等教育的职业性收入回报无显著差距。以总收入为被解释变量的估计结果与上述结果相似，但在中西部地区成人专科与普通专科的教育回报差距显著且大于东部地区。

这可能是由于东部地区的人才较多、普通高等教育毕业生数量较庞大，劳动力市场上普通高等教育学历获得者的供给大于需求，从而对成人高等教育获得者形成了挤压效应，造成其经济回报相对较低。而在中西部地区，人才竞争压力相对较低，因此成人高等教育和普通高等教育的收入差距较低。

5.5 稳健性检验

5.5.1 考虑其他被解释变量

在这一部分，我们将考查成人高等教育和普通高等教育毕业生在其他方面的差别，如家庭收入、自评收入是否合理、工作满意度。同收入变量相同，这几个变量也可以从一定程度上反映两种教育的回报情况。我们分别以它们作为被解释变量，进行回归。估计结果如表5-9所示。

表5-9 考虑其他被解释变量

	OLS	Probit	
	家庭收入	收入合理	工作满意
成人*专科	−0.001	−0.091	−1.599**
	（0.084）	（0.173）	（0.667）
成人*本科	−0.160**	−0.400***	−0.379
	（0.073）	（0.118）	（0.764）
其他变量	控制	控制	控制
N	1 203	1 236	166

注：其他控制变量参见表5-2的第3列。

表5-9的第1列给出了以家庭收入[①]的Log值为被解释变量的OLS回归结果。结果显示，成人与本科的交叉项系数显著为负，而成人与专科的交叉项系数不显著。具体而言，相比于普通本科毕业生，成人本科毕业生的家庭收入显著低出16%，而成人专科和普通专科毕业生的家庭收入并无显著差距。

① 采用问卷中如下问题：您家2014年（去年）全年家庭总收入是多少？

第2列是以收入合理[①]为被解释变量的Probit模型的回归结果。我们发现，相比于普通本科毕业生，成人本科毕业生自认为其收入更不合理，而成人专科和普通专科毕业生在自评收入是否合理上并无显著差别。

第3列是以工作满意[②]为被解释变量的Probit模型的回归结果。估计结果显示，成人与专科的交叉项系数显著为负，而成人与本科的交叉项系数不显著。结果说明，相比于普通专科，成人专科毕业生的工作满意度更低；而成人本科和普通本科毕业生在工作满意度上没有显著差别。

综上，相比于普通专科毕业生，成人专科毕业生在工作满意度上显著更低；而相比于普通本科毕业生，成人本科毕业生在家庭收入和自评收入合理度上均显著更低。

5.5.2　倾向得分匹配

由于成人高等教育的自选择而导致的内生性问题，上文我们已经利用控制变量（代理变量）和工具变量的方法验证了我们结果的稳健性。在这一部分，我们将进一步运用基于匹配后数据进行回归的方法来对这种自选择偏差加以修正。此方法的优点为，通过匹配，可以在很大程度上消除选择性偏差问题，包括可观测的和不可观测的（Ho et al.，2007）；并且可以减少计量结果对模型和工具变量的依赖性，从而得到成人高等教育相比于普通高等教育的经济回报的更加稳健的结果。

首先，我们为每一个成人高等教育毕业生匹配出N个普通高等教育毕业生样本，其中，匹配变量包括男性、年龄、工作经验、已婚、子女数量、健康状态、城镇、认知能力、父母受教育程度、父母职务级别、省份。然后，用基于这些变量的倾向得分进行匹配。由于通常认为学历对个人收入产生的影响较大，在此，我们将对学历进行精确匹配。我们共运用了三种匹配方法。基于匹配后的数据，我们重复公式（5-2）的回归。估计结果见表5-10。

---

① 采用问卷中如下问题：考虑到您的能力和工作状况，您认为您目前的收入是否合理呢？1.非常合理，2.合理，3.不合理，4.非常不合理。若受访者选择1或2，则变量"收入合理"为1，否则为0。

② 采用问卷中如下问题：您对您的（主要）工作是否满意？1.完全满意，2.很满意，3.比较满意，4.没有满意也没有不满意，5.比较不满意，6.很不满意，7.完全不满意。若受访者选择1、2、3中任意一个选项，则变量"工作满意"为1，否则为0。

表5-10　　基于匹配数据的成人高等教育对收入影响的估计结果

	职业性收入			总收入		
	N=1（no-rep）	N=1	N=2	N=1（no-rep）	N=1	N=2
成人*专科	−0.146*	−0.195**	−0.137*	−0.114**	−0.055	−0.125**
	（0.079）	（0.082）	（0.076）	（0.055）	（0.055）	（0.050）
成人*本科	−0.212***	−0.156**	−0.268***	−0.211***	−0.140**	−0.159***
	（0.066）	（0.065）	（0.077）	（0.067）	（0.068）	（0.056）
其他变量	控制	控制	控制	控制	控制	控制
N	605	479	592	667	544	675

注：其他控制变量参见表5-2的第（3）列和第（6）列；除第1列，其他列均为有放回的匹配。

表5-10第1-3列的结果显示，基于匹配后的数据，以职业性收入为被解释变量，成人与专科的交叉项的系数均为负，其系数值分布在−0.137~−0.195之间，且其影响至少在10%的水平上显著；成人与本科的交叉项的系数均为负，其系数值分布在−0.156~−0.268之间，且其影响至少在5%的水平上显著。因此，从以上结果可以看出，不论采用何种匹配方法，两交叉项的系数大小与显著性和表5-2的结果均非常相近，验证了我们结果的稳健性。第4-6列给出了以总收入为被解释变量的回归结果，所得结论与前3列相似。

5.5.3　修正样本选择偏误

并非所有个体都从事工作、都有工作收入或其他收入，我们所观察到的数据仅仅是已就业个体的收入数据。然而，教育回报不仅取决于已就业的个体的特征，而是受包括失业或未进入劳动力市场在内的全体个体的特性的影响。如果在估计时未对此情况进行考虑，那么选择方程的误差项与收入方程的误差项就有可能相关，从而导致由样本选择而引起的估计偏误。为抑制这种样本选择性偏差，在这一部分，本章采用考虑样本选择性偏差的Heckman样本选择模型来估计成人高等教育与普通高等教育的收入差距，其中，选择方程是个体是否有工作的二元选择方程①。

表5-11给出了基于Heckman样本选择模型的收入效应估计结果。从回归结果来看，逆米尔斯比λ在10%的统计水平上不显著，表明了我们的回归结果不存在样本选择偏误。计量结果还表明，在校正了样本在是否有工作上的选择性偏差后，成人高等教育和普通高等教育的收入差距与表5-2所得的结果变化不大，再次说明了我们的结果十分稳健。

表5-11　　修正样本选择偏误后的成人高等教育对收入

影响的估计结果

	Heckman	
	职业性收入	总收入
成人*专科	−0.158**	−0.183***
	（0.063）	（0.050）
成人*本科	0.195**	−0.202**
	（0.077）	（0.069）
λ	0.013	−0.436
	（0.313）	（0.306）
Wald test	1.06	0.70
p−value	0.302	0.401
其他变量	控制	控制
N	1 233	1 249

注：其他控制变量参见表5-2的第（3）列和第（6）列。

5.6　本章小结

伴随着学习型社会的建设，"全民学习、终身学习"的氛围渐浓。

---

① 选择方程中多包括的变量为"是否是党员"。另外，在总收入方程中，选择方程的被解释变量为是否有收入，若有收入，则为1，若无收入，则为0。

成人高等教育作为成人学习的重要途径和提高成人群体综合素质的有效手段，其招生规模近年来一直保持在 200 万以上。了解成人高等教育对个人收入和人力资本提升的影响，对提高成人群体的综合素质、提高国家人才培养质量、促进社会进步与发展等方面均具有不可或缺的重要作用。国内关于成人教育的研究主要集中于理论探讨（谢国东，2013），相关的实证研究较少，使得对我国成人高等教育作用的认识与了解相对有限。本章对成人高等教育在我国劳动力市场的经济价值进行了深入的剖析，为成人高等学历的市场回报提供经验证据，为政府制定相关政策、高校进行教育改革和社会大众做出教育决策提供一定的参考，具有很强的现实意义。

本章利用中国综合社会调查 2015 年数据，实证分析了成人高等教育对个人收入和职业选择的影响。本章的主要发现有：第一，相比于普通高等教育，同等学历下的成人高等教育（专科或本科）的回报率均显著更低。这与国内其他研究结论有所差别，如许玲丽等（2008）发现成人本科的教育回报显著低于普通本科，而成人专科和普通专科的教育回报没有显著差异。这可能是由于他们采用的数据源于 2007 年的全国城镇住户调查，而本章所使用的 2015 年中国综合社会调查包含了城镇和农村住户。此外，在本章的研究问题中，内在家庭背景等遗漏变量，是本章内生性问题的主要来源。许玲丽等（2008）通过控制能力的代理变量纠正"能力偏误"的问题，但没有考虑家庭背景的影响。本章通过在收入方程中控制个人家庭背景的代理变量来减少"遗漏变量偏差"，结果显示，成人高等教育和普通高等教育的收入回报差距稍微缩小，说明接受成人教育的个体在认知家庭背景方面略逊色于接受普通教育的个体。但是两者间的收入差距仍显著存在，又说明由家庭背景而导致的自选择偏误较弱。而且，相比于国内已有研究成人高等教育收入效应的文献（许玲丽等，2008），本章还采用工具变量法探讨了因不可观测变量而引起的潜在的内生性问题，进一步验证了我们结果的稳健性。

第二，对于成人高等教育的收入效应，本章从人力资本效应和信号效应的角度出发进行分析。结果显示，成人专科学历相比于普通专科学历的收入回报劣势是人力资本效应的结果；而相比于普通本科生，成人本科生的较低收入是信号效应和人力资本效应共同作用的结果，但人力资本效应占主导地位。相比于已有文献主要从成人教育的教学、制度特征和定位等方面阐述成人高等教育的收入劣势的原因（许玲丽等，2008），本章结合成人高等教育的实际特征，利用教育的两个经典理论对其进行实证分析及解释。

第三，基于 Multinomial Logit 模型发现，成人本科生更少进入技术类职业，而成人专科生在职业类型选择上与普通专科生无显著别。通过对收入差距进行布朗分解后发现，成人高等教育与普通高等教育的收入差距绝大部分来源于职业内部的收入差异，来源于职业间的收入差异较小。也就是说，导致成人高等教育和普通高等教育收入回报差异的绝大部分原因来自于两者在职业内部的收入差异，因进入不同类型的职业而导致的收入差异较小。这为国内成人高等教育的收入效应研究提供了新的解释视角。

教育不仅在促进人力资本积累和提高居民收入方面具有不容忽视的作用，还是保证长期我国经济长期稳定、可持续发展的不可或缺的因素。因此，根据本章的研究结论，本研究将从国家、成人院校和个人三个层面提出相应的政策建议：

首先，我国应立足"终身学习"的基本理念，加强终身教育立法，完善相关制度，保障终身教育体系的有效构建。目前，相比于普通高等教育，成人高等教育的教育质量较低，因此政府应出台相关政策、制定更加有效的制度措施和改革方法提高成人教育的办学质量。例如，按照普通高等教育的要求培养成人学生，或借鉴美国等发达国家的做法，通过学分制等方法，将成人学生与一般学生放入同一课堂，学位授予上采用同一标准。并且，政府应加大对成人教育的投资力度，选择更有效的成人教育支出政策、提高成人教育资源的配置效率。

其次，成人院校应紧跟时代的发展，制定和实行有效的措施进行教育改革，从而增强整体自我办学实力，如完善学校课程管理、开设实践课程、加强师资队伍建设，全面提升成人教育质量，增强成人教育的市场竞争力。尤其是，成人教育院校应结合社会的实际需要优化改革，如通过校企合作的模式，以社会实际需要为导向，进行专业设置、课程设置以及教学设置，培养专业型、技能型、实用型人才，使其在专业素质建设上符合社会人才标准，提高成人群体的专业技能和工作能力的适用性。

最后，由于成人教育的教学特点偏职业技术性，个人可以发挥所学优势，考取相应的职业资格认证，以此提升个人的人力资本和市场认可度。此外，在面临职业选择时，应根据自身的特点和优势选择更适合自己的职业类型，如注重实践技能或技术的职业，提升职业匹配程度，这对个人未来的发展也是更为有利的，不要因盲目跟风而导致职业选择与所学技能关联性较低。

此外，本章还发现培训的收入回报大于成人专科的教育回报，但小于成人本科的回报。因此，我国成人高等教育在稳步发展的同时，也应重视和发展非学历高等教育培训。尤其是对较低学历者，单位或政府应该更多地组织技能培训，个人也应该有针对性地参加提高个人专业技能和工作能力等的培训，从而提高个人生产力。

需要指出的是，首先，在研究成人高等教育问题时，本章使用的收入指标均以年为单位，这些收入指标忽略了总工资与小时工资的差异，没有将个人的劳动供给考虑在内。因此，在后续的研究中，我们可以利用数据量更大的微观调查数据以及更精准的个人收入数据。其次，本章主要关注了教育对个人收入的影响，对其他劳动力市场表现的影响并未涉及，比如劳动力市场参与率、就业率、工作匹配度以及是否创业等等。对这些同样具有重要意义的相关问题的更进一步研究将有利于深入了解我国的成人高等教育回报问题，从而更有效地制定相关政策或教育改革计划。最后，随着经济结构转型和产业结构升级，我国的经济社会发展对技能型劳动者的需求不断增加。成人高等教育的办学目的在于培养专业型、技能型、实用型人才，偏重于提高成人群体的实践技能、技术和工作能力，尤其是成人专科本身定位于职业培训（许玲丽等，2008）。那么与同样注重技能提高的培训相比，成人高等教育的教育回报和人力资本提升程度是否更高，这也是本章下一阶段的研究重点。

6 职业培训的收入效应分析

6.1 引言

改革开放以来，农村劳动力向城市大规模流动，加快了城镇化进程和城市发展（王德文等，2008）。国家统计局的抽样调查结果显示，外来务工人员总量持续增加，从2008年的22 542万人增长到2019年的29 077万人，以平均每年2.35%的速度增长。然而，外来务工人员的综合素质不高、劳动技能缺乏（赵德昭和耿之斌，2020），这不仅会影响他们的稳定就业，还会影响国家的技术创新和产业升级等。因此，如何提高外来务工人员的自身素质和劳动技能，实现外来务工人员的稳定就业，已成为国内学术界研究的热点问题。

根据经典的人力资本理论，培训是人力资本投资的重要形式（Becker，1964）。因此，对外来务工人员进行技能培训，是提高其自身素质和劳动技能、促进外来务工人员在城镇实现稳定就业和增加收入的有效途径之一。我国政府对职业技能培训给予了充分的重视，特别是投入大量的财政资金开展外来务工人员职业培训项目（周闯和沈笑笑，2021），不仅如此，各级各类劳动力培训机构和用人单位也开展了形式多样的外来务工人员培训项目。

培训真的能提升素质，从而带来高收入吗？本章利用CHIP2007年外来务工人员的数据，研究了职业培训对个人工资性收入的影响。我们发现：（1）职业培训可以显著提高外来务工人员的工资收入5.2%左右；（2）不同的培训类型、培训时长、培训费用由谁承担都会对收入产生差异化的影响，其中，与工作技能相关的培训或其他培训、培训时间大于90天的正规培训，以及自费参与的培训对个人收入的正向影响较大；（3）当外来务工者为办事人员、服务业人员和生产运输业人员，参与培训会显著提高其收入水平；（4）此外，在第一二产业和第三产业中的服务业中，相比于未参与培训者，培训参与者的收入显著更高。

我们面临的一个关键问题是参与培训的内生性问题。为解决内生性问题，常用的方法是工具变量法，但该方法往往使得结果依赖于所选取的工具变量和计量模型。为减少结果对模型和工具变量的依赖性，类似于 Ho 等（2007）的做法，我们为每一个参与培训者匹配出一个未参与培训样本，然后对匹配的样本进行计量分析。基于匹配后的数据进行实证分析非常契合我们的研究问题和数据：一些未参与培训样本在很多方面跟参与培训者不具有可比性，如果拿培训参与者跟所有的未参与培训者相比可能失之偏颇，而匹配使得两者的各特征差距变小。关于类似方法的更多介绍可参见 Ho 等（2007）以及 Imbens 和 Wooldridge（2009）。

我们发现：一方面，匹配使得参与组和未参与组的可观测变量更具有可比性，实证分析表明结果对模型的依赖性大大降低了；另一方面，通过对一些能力代理变量的分析，我们发现匹配也显著降低了参与组和未参与组的能力的差异，从而减少了内生性问题的影响。我们的分析表明：采用不同的控制变量、能力的代理变量，或者是工具变量，基于匹配样本的估计结果变化不大。

国外对于培训效果的研究已经相当丰富，但却没有得到一致的结论。一方面，部分研究发现员工参与培训可以获得较高的正向回报。然而，部分研究提出这些培训的回报率被高估了，因为员工工资的增长不只归因于其参加的培训。Angrist 等（1996）和 Blundell 等（1999）运用工具变量等方法估计出的培训回报率则比这些研究要低得多。另一方面，部分研究人员得出培训并不能提高工人工资的结论（Leuven and Oosterbeek，2008）。其中，Schwerdt 等（2012）利用实验的方法，发现培训的回报率关键依赖于研究人员的选择性偏差。Martin（2000）对 OECD 国家的研究发现，大多数为参与者带来收益的培训计划往往是通过改善受训者的就业机会而不是提高他们的小时工资率。

国内关于外来务工人员培训的研究中，部分学者利用特定省份数据分析职业培训的效果，但并未得到一致的结论，这可能是受到数据代表性和评价方法的限制。例如，已有文献发现职业培训在云南省（程萍等，2015）和浙江省（李宝值等，2019）等均存在工资溢价，但在山东省却没有（翁杰和郭天航，2014）。此外，还有学者采用多省份数据研究外来务工人员培训的收入效应。其中，王德文等（2008）采用处理效应模型，发现短期培训和正规培训可以显著增加外来务工人员的工资收入 24% 左右。周闯和沈笑笑（2021）同样采用处理效应模型，基于国家卫生健康委 2013 年流动人口动态监测社会融合部分的调查数据，发现参加政府培训的外来务工人员所获得的收入溢价为 8.05%~10.61%，这低于王德文等（2008）的结论。赵德昭和耿之斌（2020）基于中西部地区 13 个省份的外来务工人员调查数据，采用倾向得分匹配模型，发现外来务工人员通过职业培训获得的"小时工资收入溢价"为 1.88 元，且不同培训类型的"收入溢价"具有异质性。

此外，已有文献发现培训的收益率在不同群体中存在差异。其中，年轻或高学历的培训者通过培训能够增加工资、获得培训的预期收益，侯风云（2004）、许昆鹏等（2007）得到相似的结论。侯风云（2004）发现，培训效果需要以一定教育年限为基础，对文盲进行的培训通常不会产生相应的收益率；许昆鹏等（2007）认为，对于能力强、年龄小、学历高的培训者而言，当所学习的技术具有难度小、应用范围广的特点时，培训投资的预期收益高。然而，Budria 和 Pereira（2007）却发现，妇女、受教育程度较低的劳动者和拥有较长工作经历的劳动者通过培训可以获得较大的收益增加。

本章的贡献为：本章详细又严格地研究了培训对外来务工人员收入的作用，相较于以往国内文献仅利用工具变量法或倾向得分匹配的方法来解决选择性偏差问题，本章基于匹配后的样本，利用OLS、代理变量以及工具变量的方法，充分验证了我们结果的稳健性。此外，相比于以往的国内文献，我们的贡献还包括：对比了不同培训类型、培训时长、培训承担情况的效果；并且，系统地研究了培训参与组和未参与组在不同的职业和行业中的收入差距。

本章的结构安排如下：第二部分对数据与变量进行统计；第三部分介绍我们的计量方法；第四部分实证分析了职业培训对外来务工人员收入的影响，并讨论不同的培训类型的效果，以及培训在不同职业或行业中的作用；第五部分是结论。

6.2 数据与变量

本章数据来源于中国家庭收入项目调查（CHIP）2007年的数据。2007年的数据覆盖了9个省份、15个城市，最终得到5 000个流动人口家庭、8 000个农村家庭和5 000个城镇家庭样本，该调查包含了详尽的居民人口学特征和就业情况。本章关注外来务工人员群体，因此只利用流动人口的部分数据。

在流动人员的调查问卷中，有问题问道："除正规学校教育外，您是否接受过任何培训？1.没有参加任何培训，2.农业生产培训，3.企业内部的非农业培训，4.社会上的非农业培训，5.其他培训"。若受访者选择1，则定义虚拟变量"培训"为0，若选择其他选项，则为1。其中，外来务工人员中参与过培训的个人有1 733个，占23.50%。[①]

本章所用的收入为个人主要工作的月受雇工资收入。图6-1给出了外来务工人员的月收入分布曲线，该曲线由核密度估计得到，带宽经交叉验证法选取。可见，参与培训者和未参与培训者的收入分布均呈现出尖峰厚尾且严重右偏的特点，且参与者的平均收入高于未参与者。

---

① 为保证回归结果的稳健性，本章删除了有过多次培训的样本。

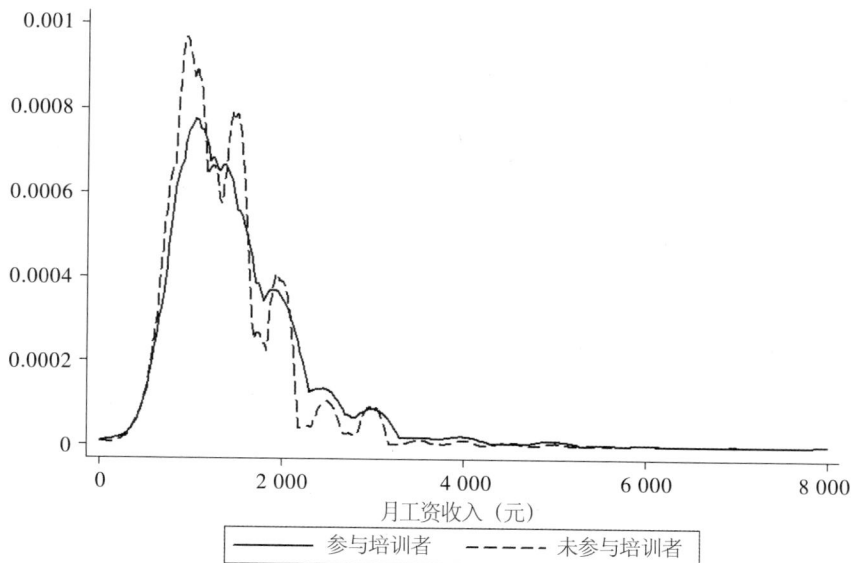

图6-1　参与培训者与未参与培训者的收入分布

　　除了"培训"变量外，其他控制变量包括男性、年龄、已婚、子女数量、健康状态①、工作经验、非农工作经历②、单位规模③、受教育程度、智力水平④。最后，在进一步删除关键变量缺失的样本后，我们最终分别获得5 070个有效的外来务工人员样本观测值。表6-1给出了其他变量的统计性描述。

　　从表6-1可见，在外来务工人员中，培训参与者的月工资收入的平均值为1 508.521元，而未参与者的平均月收入为1 366.719元。参与培训者中男性的比例约为67.0%，大于未参与者的58.0%。参与者的平均年龄和工作经验分别为27.422和2.873，均低于未参与者的30.941和3.285。参与培训者的已婚比例和子女数量分别比未参与培训者低10.8%和0.254。另外，参与培训者之前有过非农工作经历的比例高于未参与培训者2.9%。参与培训者的高学历占比高于未参与培训者：参与培训

者的平均受教育程度为9.871，而未参与培训者中这一数值为8.983。

表6-1 变量的描述性统计

	总样本		参与者		未参与者	
	Mean	S.D.	Mean	S.D.	Mean	S.D.
基本特征						
收入	1 407.637	672.985	1 508.521	754.962	1 366.719	632.275
男性	0.606	0.489	0.670	0.470	0.580	0.494
平均年龄	29.925	10.153	27.422	8.294	30.941	10.650
已婚	0.539	0.499	0.462	0.499	0.570	0.495
子女数量	0.720	0.852	0.539	0.718	0.793	0.890
健康状态	4.247	0.732	4.245	0.756	4.248	0.723
工作经验	3.169	3.937	2.873	3.564	3.285	4.073
非农工作经历	0.093	0.291	0.114	0.317	0.085	0.279
单位规模	5.230	1.957	5.453	1.885	5.140	1.979
受教育程度	9.239	0.036	9.871	2.256	8.983	2.657
智力水平	3.641	0.694	3.641	0.687	3.642	0.697
观测值数	5 070		1 463		3 607	
职业类型						
管理人员	0.017	0.130	0.029	0.167	0.012	0.110
技术人员	0.010	0.100	0.012	0.107	0.009	0.097
办事人员	0.057	0.231	0.078	0.268	0.048	0.214
商业人员	0.144	0.351	0.131	0.338	0.149	0.356
服务业人员	0.420	0.494	0.505	0.500	0.385	0.487
生产运输人员	0.353	0.478	0.246	0.431	0.396	0.489
观测值数	5 039		1 457		3 582	
行业类型						
第一二产业	0.378	0.485	0.281	0.450	0.418	0.493
第三产业（服务行业）	0.546	0.498	0.640	0.480	0.509	0.500
第三产业（技术行业）	0.075	0.264	0.079	0.270	0.074	0.262
观测值数	5 065		1 463		3 602	

在职业类型上，外来务工人员为服务业人员的比例最高（42%），其次为生产运输人员（35.3%），且仅有1.7%和1.0%的外来务工人员分别为管理人员和技术人员。在行业类型上，外来务工人员最多的进入第三产业中的服务行业（54.6%），其次为第一二产业（37.8%），进入第三产业中的技术行业比例最低，为7.50%。

6.3　计量方法

这里的一个关键问题是参与培训组和未参与培训组人群的个体特征和背景可能存在明显的差异，不能简单地将参加培训的人员与未参加培训的人员进行比较，需要考察外来务工人员参与培训的内生性和选择性偏差问题，在研究方法上需要把培训对收入的影响和参与培训的选择性偏差问题结合起来。为解决此类问题，常用的方法是异质性处理效应模型和工具变量法，但该方法往往使得结果依赖于所选取的工具变量和计量模型。为减少结果对模型和工具变量的依赖性，我们采用 Ho 等（2007）的做法，先对样本进行匹配，然后再进行 OLS 和工具变量回归。

我们为每一位参与培训者匹配出一个未参与培训样本，然后对匹配的样本进行计量分析。一方面，我们发现，匹配使得参与培训组和未参与培训组的可观测变量更具有可比性，减少了结果对模型的依赖性（见下一部分的实证分析以及 Ho 等，2007）。另一方面，通过对一些能力代理变量的分析，我们发现匹配也显著降低了参与培训组和未参与培训组的能力差异，从而减少了内生性问题的影响。下文的实证分析表明，采用不同的控制变量、能力的代理变量或者工具变量，基于匹配样本的估计结果变化不大。

基于匹配后的样本进行分析非常契合我们的研究问题和数据。其中，一些未参与培训样本在很多方面跟参与培训者不具有可比性，如果拿培训参与组跟所有的未参与培训组相比可能失之偏颇。而匹配使得参与培训组和未参与培训组的各特征差距变小。我们的分析表明，匹配也减少了两组样本间的一些不可观测变量的差异。更多关于此方法的介绍可参见 Ho 等（2007）以及 Imbens 和 Wooldridge（2009）。

我们采用基于倾向得分（propensity score matching，PSM）的 1：1 无放回匹配[①]，具体步骤如下：首先，选取一系列与个人收入相关的个人特征变量[②]，包括男性、年龄、已婚、子女数量、健康状态、工作经验、非农工作经历、单位规模、受教育程度、智力水平。然后，用基于这些变量的倾向得分进行匹配。每个参与观测值仍有较多的未参与观测值与之相对应。最终，通过匹配得到 1 462 个参与培训组观测值和 1 462 个未参与培训组观测值的外来务工人员样本[③]。

表6-2　　　　　　　　匹配中控制变量的平衡性检验

	匹配前			匹配后		
	均值差	P 值	偏误	均值差	P 值	偏误
收入	141.802	0.000	0.211	87.185	0.001	0.125
男性	0.088	0.000	0.184	−0.001	0.969	−0.002
年龄	−3.519	0.000	−0.347	0.144	0.644	0.017
已婚	−0.108	0.000	−0.216	−0.001	0.941	−0.003
子女数量	−0.254	0.000	−0.299	0.012	0.646	0.017
健康状态	−0.003	0.882	−0.005	−0.004	0.881	−0.006
工作经验	−0.412	0.000	−0.105	−0.080	0.551	−0.022
非农工作经历	0.029	0.003	0.098	0.002	0.860	0.007
单位规模	0.314	0.000	0.159	0.040	0.576	0.021
受教育程度	0.888	0.000	0.344	−0.022	0.798	−0.010
智力水平	−0.001	0.950	−0.002	−0.023	0.361	−0.034
观测值数	5 070			2 924		

①　本章还采用了 1：1 和 1：4 有放回的匹配方法，发现 1：1 无放回的匹配方法得到的数据平衡性是最好的，因此我们在接下来的分析中我们仅用此匹配得到的数据。
②　匹配中，不能控制那些被海外学历影响的变量，如下面所讨论的职业、企业类型等。
③　外来务工的参与组中，一个观测值因不满足共同支撑（common support）而被删除。

我们分别采用了均值差[①]、T检验和标准化偏误三种方法检验匹配样本的平衡性。表6-2报告了匹配控制变量的平衡性检验结果。从表6-2可见，所有匹配控制变量的均值差和标准偏差的绝对值在匹配后都大幅度减小，说明匹配后样本平衡性明显提高。另外，在匹配前，除健康状态变量和智力的T检验的P值大于0.1外，其他变量的均小于0.1，说明匹配前参与培训组与未参与培训组在许多特征方面均存在显著不同，但是匹配后各变量的T检验的P值均接近于1，表明不能拒绝两组间各变量均值相同的假设。可见，匹配显著减少了参与培训组与未参与培训组的可观测特征差别。

培训的关键问题是参与培训的选择性偏差，也就是遗漏变量问题，如能力。我们在回归中利用访员观察受访者的智商控制个人能力问题，再者可能存在一定的偏差。我们进一步利用数据中父母的受教育程度[②]作为个人能力的代理变量。表6-3报告了父母受教育程度变量的平衡性检验结果。从中可见，在匹配后的样本中，父母受教育程度的均值差与标准化偏误的绝对值均小于匹配前，说明匹配后参与培训组与未参与培训组的父母受教育程度的差别下降。而且在匹配前，其T检验的P值均小于0.1，而匹配后其P值均大于0.1，这就说明匹配前父母的教育程度存在显著差别，但是这种差别的显著性在匹配后消失。

表6-3 　　　　　　　　　　匹配中未控制变量的平衡性检验

	匹配前			匹配后		
	均值差	T检验P值	标准化偏误	均值差	T检验P值	标准化偏误
母亲受教育程度	0.878	0.000	0.260	0.176	0.189	0.049
父亲受教育程度	0.939	0.000	0.231	0.100	0.521	0.024

综上，匹配使得参与培训组和未参与培训组的特征变量，包括已控制的变量和未控制的变量，更具有可比性，这将减少实证结果对模型和工具变量的依赖性。下文的实证分析也验证了这一点。

---

① 均值差定义为"海归"组变量均值减去本土组变量均值。
② 采用问卷中如下问题：父母亲的文化程度是？1.没上过学；2.小学；3.初中；4.高中；5.中专/职高；6.大专/高职；7.大学本科；8.硕士研究生；9.博士研究生。将2、3、4归为小初高，5、6归为专科，7、8、9归为本科及以上。四个变量为虚拟变量。

6.4　职业培训对外来务工人员收入的影响

基于匹配的数据，我们在这一部分分析了职业培训对外来务工人员收入的影响。我们发现，培训可以显著提高外来务工人员的工资收入，且在考虑了可能的内生性问题后，影响依然显著。并且，职业培训的收入效应在不同的培训类型中存在差异。另外，仅当参与培训者受雇于办事人员、服务业和生产运输业，或者第一二产业和第三产业（服务行业）中时，培训对收入才存在显著正向的作用。

6.4.1　职业培训对收入的影响

我们首先研究职业培训对收入的影响，具体的计量模型如下：

$$\ln \text{Earning} = \alpha_0 + \alpha_1 \text{Training} + \alpha_3 X + u \tag{6-1}$$

其中 ln Earning 为个人月工资收入的对数；Training 是职业培训的虚拟变量，当观察对象曾经参加过职业培训时，其值为 1，否则为 0；X 代表其他控制变量，包括男性虚拟变量、年龄及其平方、婚姻状态、子女数量、健康状态、工作经验及其平方、非农工作经历、单位规模、受教育程度、智商水平。u 为误差项，α 是待估系数。

表 6-4 的第 1 列报告了利用模型（6-1）对外来务工人员回归的 OLS 估计结果。结果显示，变量"培训"的系数为 0.052，在 5% 的置信水平下显著。这说明在其他条件相同的情况下，外来务工人员参与培训会使得个人月工资收入显著提高 5.2%。另外，其他变量回归结果显示，男性的收入高于女性 11.9%，这与李实等（2014）、王美艳（2005）等的发现是一致的。年龄对收入的影响呈现倒"U"形，在 35 岁左右达到最高，随后随着年龄的上升，收入水平下降，年龄的影响在 1% 的显著性水平下显著。随着工作经验的提高，个人收入也显著提高，但影响同样呈倒"U"形，工作经验在 20 年左右对收入的影响达到顶峰；有党员或村干部经历对个人的收入有显著正向影响；最后，单位规模与个人收入正相关。值得注意的是，受教育程度提高一年，个人收入显著增加3.1%，而培训的效应为 5.2%，说明外来务工人员参与培训对收入的影

响相当于将近两年正规教育的效果，培训的作用不可忽视。

表6-4　　　　　　　　　培训对外来务工人员收入的影响

	OLS	代理变量
培训	0.052**	0.051**
	(0.021)	(0.021)
男性	0.119***	0.125***
	(0.022)	(0.023)
年龄	0.055***	0.0553***
	(0.007)	(0.00646)
年龄平方	−0.001***	−0.001***
	(0.0001)	(0.0001)
工作经验	0.036***	0.035***
	(0.005)	(0.005)
工作经验平方	−0.001**	−0.001**
	(0.0003)	(0.0003)
非农工作经历	0.042*	0.040*
	(0.020)	(0.020)
单位规模	0.025**	0.025**
	(0.010)	(0.010)
受教育程度	0.031***	0.030***
	(0.007)	(0.007)
父母教育程度		控制
常数项	5.310***	5.299***
	(0.192)	(0.193)
N	2 926	2 886

　　注：括号内的值为省层面的聚类稳健性标准差，下同，除表6-5外；***、**、*分别表示在1%、5%和10%的显著性水平上变量显著，下同。

遗漏变量问题，如个人能力，是本章内生性问题的一个主要来源。前一部分的分析表明，我们的匹配过程减少了参与培训组和未参与培训组的能力的差异。在这一部分，我们首先尝试了在回归方程中加入能力的代理变量，然后尝试了工具变量2SLS估计。

我们在第2列进一步控制了反映个人能力的父母的受教育程度。回归结果显示，加入代理变量后，培训的系数变为0.051，且在5%的置信水平下显著。可以看出，代理变量的加入对系数的大小和显著性影响不大。

进而，我们用工具变量法重新估计了模型。我们采用了如下工具变量：各市定点培训机构数量。由于职业培训行为有一定的传染效应，如果一个人处于职业培训较盛的环境，那培训的概率也会提高。另一方面职业培训环境与个人收入不存在直接的联系。表6-5列出了利用工具变量对公式（5-1）重新进行回归的估计结果。

表6-5　培训对外来务工人员的收入影响的工具变量估计结果

	第一阶段		第二阶段
工具变量	0.011***	培训	0.135**
	(0.001)		(0.054)
F统计量	175.600	K-P rk Wald F统计量	43.200
P值	0.000		
其他变量	控制	其他变量	控制
N	2 926	N	2 926

注：括号内为稳健性标准差；其他变量包括男性、年龄及其平方、已婚、子女数量、健康状态、工作经验及其平方、非农工作经历、单位规模、受教育程度、智力水平和省份。

表6-5的第一阶段回归结果显示，工具变量与职业培训变量存在显著的正向关系，说明培训环境与个人是否参与培训存在显著正向关系。此外，检验弱工具变量的Kleibergen-Paap rk Wald F统计量分别大于10%偏误的临界值的7.03，因此可以拒绝弱工具变量的假设。利用工具变量法，在剔除可能存在的内生性问题以后，培训对个人收入仍存在显著正向的影响。

6.4.2　不同类型的职业培训对收入的影响

上一部分的结果表明，培训对个人收入存在显著的正向影响，那么不同类型的职业培训的效果是否存在差异，这是我们在这一部分将要考察的内容。

首先，我们考察了不同内容的培训对个人工资收入的影响。CHIP问卷中有问题问道："您最近一次接受的是什么类型的培训？1.与工作相关的技能培训，2.与工作无关的一般技能培训，3.一般性培训，如维护工人权益等，4.其他"。我们将选项3和4归为"其他培训"，因此，根据此问题得到三个有关培训的虚拟变量"工作相关培训""工作无关培训""其他培训"，并替换模型（6-1）中的"职业培训"的总指标，进行回归。估计结果见表6-6的第（1）列。结果显示，三个培训的虚拟变量的系数均为正，但仅有"工作相关培训"和"其他培训"的系数在5%的置信水平下显著，而"工作无关培训"的系数在10%的置信水平下不显著。以上结果说明，其他培训对个人收入的正向影响最大，这可能是由于外来务工人员权益没有得到有效保护，而且外来务工人员没有意识去保护自己的相关权益，这使得其权益（包括收入）时常受到侵犯，而参加此类培训将提高外来务工人员的相关意识，更懂得维护自己的权益，从而对收入的提高作用最大；另外，参与与工作技能相关的培训可以显著提高个人的工资收入，这可能主要是因为培训提高了参与者的生产力，说明培训要有针对性，培训内容要与被培训者的工作相结合才能获得较好的收益。

其次，我们研究了培训时间长短对工资收入的影响。问卷中有问题问道"这次培训一共多少天（不足一天按一天计算）"，我们将培训时间小于15天的定义为"简单培训"，培训时间大于等于15天但小于90天的定义为"短期培训"，将培训时间大于等于90天的定义为"正规培训"。以未参与培训为基准组，在模型（6-1）中加入上述三个虚拟变量，估计结果见表6-6的第（2）列。结果显示，随着培训时间的增长，培训的效果增强，表现为简单培训、短期培训和正规培训的系数分别为0.045、0.048和0.084，但短期培训的系数在10%的置信水平下不显著。以上结果从一定程度上说明，培训的时间越长，对参与培训者的人力资本的提升效果越大。

表6-6　不同类型的培训的收入效果

变量	(1)	(2)	(3)	(4)
工作相关培训	0.053** (0.022)			
工作无关培训	0.025 (0.037)			
其他培训	0.098** (0.041)			
简单培训		0.045* (0.024)		
短期培训		0.048 (0.030)		
正规培训		0.084** (0.031)		
培训花费=0			0.040 (0.022)	
培训花费>0			0.083** (0.033)	
政府承担				0.098 (0.071)
现雇主承担				0.050** (0.019)
前雇主承担				-0.017 (0.072)
共同承担				0.184*** (0.025)
自费				0.070* (0.037)
其他				0.007 (0.059)
其他变量	控制	控制	控制	控制
N	2 925	2 919	2 922	2 926

注：其他变量包括男性、年龄及其平方、已婚、子女数量、健康状态、工作经验及其平方、非农工作经历、单位规模、受教育程度、智力水平和省份。

再者，我们考察了培训是否自费对个人工资收入的影响，其中，问卷中询问了本人或家人支付的培训费用。若培训花费为0，则定义虚拟变量"培训自费=0"为1，否则为0；若培训花费大于0，则定义虚拟变量"培训自费>0"为1，否则为0。表6-6的第3列给出了回归结果。结果显示，需本人支付费用的培训会显著增加个人的工资收入，而无须本人支付费用的培训则对个人收入不存在显著影响。这可能是由于个人在支付全部或部分培训费用的情况下，会更努力地学习，抑或是自己支付的培训是自身较需要的技术。

最后，我们进一步考察了不同费用承担方式的培训对个人收入的影响，其中，培训的费用的承担方包括："1.政府有关部门，2.自费，3.现在的雇主，4.以前的雇主，5.本人与雇主分担，6.其他"。我们回归中放入六个选项对应的虚拟变量，表6-6的第（4）列给出了回归结果。结果显示，在外来务工人员中，现任雇主承担、共同承担以及自费的培训项目对个人的工资收入有显著的正向作用，而政府承担和以前雇主承担的培训项目对个人收入并没有显著作用。其中，政府承担的培训在提升收入方面效果不显著，这可能是因为政府为外来务工人员提供的培训大多是就业类的培训，为的是增加他们的可雇佣性，而不是人力资本投资意义上的培训（王德文等，2008）；而且，企业培训的员工往往继续在原岗位工作，而参加政府培训项目的人通常需要换工作，转换工作一定程度上损失了人力资本，因此可以部分解释政府承担的项目收益率偏低的原因。此外，现任雇主承担的培训和以前雇主承担的培训效果存在差异，这可能是由于现任雇主支付的培训更能反映当前工作所需要的技能，因此参与此类培训项目，能提高个人现任工作所需的技能水平，从而增加收入。相比较之下，以前雇主提供的培训可能与现任工作并不匹配，而且换工作之后，大部分人可能从事的并非自己原来的行业。除此之外，由于政府提供的培训可能更多针对能力较低者的就业培训或能力较高者的干部培训，而企业提供的培训更多地针对能力较强者的晋升培训或刚入职者的入职培训，培训效果因个人能力导致的选择性偏差会较强。但是，相对来说，自费参与的培训更少与个人能力相关，更多的是自我选择的结果，其参与培训的选择性偏差较弱，而我们发现自费参与培训可以使个人收入显著增加7%，这在一定程度上验证了培训的正向收入效应的稳健性。

6.4.3　职业和行业间影响差异

我们在上文分析了培训参与者和未参与者的整体工资性收入差距，在这一部分我们进一步分析二者在不同职业和行业中的收入差距。我们发现：相比于未参与培训者，培训参与者在办事人员、服务业和生产运输业中的收入显著更高，在第一二产业和第三产业中的服务业的收入显著更高。

（1）职业间的影响差异

我们首先考虑两者在不同职业中的收入差距。结合问卷中的问题，我们得到如下的职业分类：技术人员、管理人员、办事人员、商业人员、服务业人员、生产运输人员。为了比较两者在不同职业中的收入表现，我们只需在回归模型（6-1）中加入培训与各职业类型的交叉项，估计结果如表6-7的第（1）列所示。

回归结果显示，职业类型与培训的六个交叉项的系数均为正，但只有培训与办事人员、服务业人员和生产运输人员的交叉项的系数在10%的置信水平下显著，而其他三个交叉项系数均不显著。这说明，培训参与者在办事人员、服务业人员和生产运输人员中的工资收入显著高于未参与培训者；而在技术人员、管理人员和商业人员中，两者收入并没有显著差别。这可能是由于外来务工人员进入管理、技术和商业岗位的人员较少，尤其是管理和技术岗位的比例不到3%。而且在这些行业中，自身的受教育程度或其他方面的因素影响较大，培训对其影响较小。而办事人员、服务业人员和生产运输人员需要的可能更多的是经验的积累，培训能够增加培训者对所要从事工作的了解，更好地适应工作，从而培训发挥的作用较大。

（2）行业间的影响差异

接下来，我们考虑两者在不同行业中的收入差距。结合问卷中的问题，我们将行业分为如下三大类：第一二产业、第三产业（服务行业）和第三产业（技术行业）。为了比较两者在不同行业中的收入表现，我们只需在回归模型（6-1）中加入培训与各行业类型的交叉项，估计结果如表6-7的第（2）列所示。

表6-7　　　　　　　　　　培训的收入效应的异质性分析

职业（1）		行业（2）	
培训*技术人员	0.189	培训*第一二产业	0.080***
	(0.209)		(0.016)
培训*管理人员	0.053	培训*第三产业（服务行业）	0.060*
	(0.052)		(0.032)
培训*办事人员	0.127*	培训*第三产业（技术行业）	0.119
	(0.061)		(0.100)
培训*商业人员	0.034		
	(0.027)		
培训*服务业人员	0.073*		
	(0.034)		
培训*生产运输人员	0.062*		
	(0.029)		
其他变量	控制	其他变量	控制
N	2 912	N	2 925

注：第（1）~（2）列的其他变量均包括男性、年龄及其平方、已婚、子女数量、健康状态、工作经验及其平方、非农工作经历、单位规模、受教育程度、智力水平和省份；第（1）列的其他变量还包括技术人员、管理人员、办事人员、商业人员、服务业人员、生产运输人员；第（2）列的其他变量还包括第一二产业、第三产业（服务行业）、第三产业（技术行业）。

估计结果显示，在外来务工人员中，培训与第一二产业、培训与第三产业（服务行业）的交叉项的系数显著为正，而培训与第三产业（技术行业）的交叉项系数不显著。这说明，培训参与者在第一二产业、第三产业（服务行业）中的工资收入显著高于未参与培训者；而在第三产业（技术行业）中，两者收入并没有显著差别。这可能是由于，在第一二产业和第三产业（服务行业）中，外来务工人员可以通过培训较快的工作获得所需的技能，然而，在第三产业（技术行业）中，受雇者一般需要掌握相对较难的特定技能，且相应的技能可能不能通过培训快速获得。

6.5　本章小结

外来务工人员作为中国产业工人的重要组成部分，他们的素质状况直接关系到中国产业的素质和竞争力。职业培训作为外来务工群体学习的重要途径和提高其群体综合素质的有效手段，了解职业培训教育对外来务工人员的收入和人力资本的影响，对提高外来务工人员的综合素质、优化职业培训改革、促进社会进步与发展等方面均具有不可或缺的重要作用。本章对职业培训在我国劳动力市场的经济价值进行了深入的剖析，为职业培训的市场回报提供经验证据，为政府制定相关政策、培训机构进行教育改革和社会大众做出培训决策提供一定的参考，具有很强的现实意义。

我们使用 CHIP2007 年的外来务工人员数据系统地研究了培训对个人工资收入的影响。我们考虑了培训的内生性问题，基于匹配后的样本，采用了 OLS、代理变量和工具变量的方法，充分验证了我们结果的稳健性。本章的主要发现有：（1）职业培训可以显著提高外来务工人员的工资收入 5.2% 左右；（2）不同的培训类型、培训时长、培训费用由谁承担都会对收入产生差异化的影响，其中，与工作技能相关的培训或其他培训、培训时间大于 90 天的正规培训，以及自费参与的培训对个人收入的正向影响较大；（3）当外来务工者为办事人员、服务业人员和生产运输人员，参与培训会显著提高其收入水平；（4）此外，在第一二产业和第三产业中的服务业中，相比于未参与培训者，培训参与者的收入显著更高。

由于近年来外来务工人员持续增加，提升他们的素质状况直接关系到中国产业的素质和竞争力。本章对职业培训经历在我国劳动力市场的经济价值进行了深入的剖析，具有很强的现实意义：

　　首先，我们发现，在外来务工人员中，培训可以提高个人的人力资本、增加工资收入。由于较高的人力资本将为社会经济发展提供助力，因此政府出台的鼓励职业培训的相关政策是具有深远意义的。

　　其次，在各方主导的培训中，现任雇主和自费承担的培训对外来务工人员的收入促进作用显著，因此，企业可以普及对外来务工人员的职业培训，而外来务工人员也可以根据自身需求选择培训项目，这将有助于提高个人的人力资本，进而提高收入；然而，政府主导的培训并没有发现对个人收入的显著正向影响，政府在培训时，应注重对要培训群体的需求，提供相应的培训，更具针对性。

　　最后，由于职业培训意味着个人、企业或政府需支付费用，而我们发现不同职业培训类型的效果存在差异，这将对个人选择是否参与培训、参与什么类型的培训以及政府或单位提供什么类型的培训给予一定的参考。

7 研究结论与政策建议

本书的前面各章主要讨论了以下问题：（1）基于匹配后的样本，探讨了我国"海归"的收入和职业选择等问题，并探讨了海外学历在人力资本提升和信号发送方面的作用；（2）研究了高校第二课堂对大学毕业生起薪的影响及作用机制，突出社团参与和社团干部在学生能力培养方面的作用；（3）研究了成人高等教育相比于普通高等教育在提高个人收入方面的作用和影响渠道，并通过对教育回报差异进行分解，探究了两种教育类型在职业内部和职业间所存在的收入差异；（4）探究了职业培训对外来务工人员收入的影响，并对比不同类型培训的收入效应。本章对上述四个问题的研究进行了总结，并提出相应的政策建议，还指出今后的研究方向。

7.1 研究结论

整体而言，本书的研究表明，教育经历会对个人的收入产生正向影响，且不同类型的教育经历的回报存在差异。同时，不同的教育经历对个人的人力资本积累、职业选择等方面也会产生不同的影响。

首先，笔者对"海归"的研究表明，拥有不同学历的"海归"在劳动力市场上的表现存在差异。笔者考虑了"海归"的潜在的内生性问题，基于匹配后的样本，采用了 OLS、代理变量和工具变量的方法，得到的结果非常稳健。具体而言，（1）研究生"海归"在总收入和小时收入方面均显著高于本土研究生，这是信号效应和人力资本效应共同作用的结果，但人力资本效应占主导地位；（2）并且，相比于本土研究生，研究生"海归"更多地进入高收入的技术类和商业/服务类行业，在单位类型上更倾向于高收入的外资类企业，且研究生"海归"更容易获得更高的职务；（3）然而，本科"海归"在收入、职业、晋升和单位类型选择上与本土本科生无显著差别。

其次，笔者研究了高校第二课堂对大学毕业生起薪的影响。主要发现有：（1）社团参与经历对大学毕业生的起薪具有显著的正向影响，且社团干部经历会进一步增加这一收入溢价；（2）参与程度对个人起薪的影响存在差异，具体而言，适时适量参与社团对起薪的提高效果最好，过时过量反而会削弱其正向作用；（3）社团参与和社团干部对毕业生起薪的影响存在异质性，这种异质性不仅存在于学校和专业间，还存在于收入分布上，其中，在不同的收入分布方面，社团参与主要对低收入水平的毕业生的起薪存在显著的正向作用，而担任社团干部主要显著提高了中低收入水平的毕业生的起薪；（4）此外，本书从人力资本积累渠道、实习渠道和社会资本渠道来探究社团参与和担任社团干部对促进大学毕业生起薪的作用机制，发现两者的作用渠道存在差异：社团参与对起薪的正向作用主要源于社团参与增加了学生获得实习的概率，而担任社团干部的起薪溢价主要是因为社团干部经历提高了自身的人力资本水平。

再次，笔者分析了成人高等教育对个人收入和职业选择的影响。笔者发现，（1）成人高等教育的回报率显著为正，但相比于普通高等教育，同等学历下的成人高等教育（专科或本科）的回报率均显著更低；（2）从人力资本理论和信号理论的角度出发分析成人高等教育的收入效应，结果显示，成人专科学历相比于普通专科学历的收入回报劣势是人力资本效应的结果，而相比于普通本科生，成人本科生的较低收入是信号效应和人力资本效应共同作用的结果，但人力资本效应占主导地位；（3）此外，成人本科生更少进入技术类职业，而成人专科生在职业类型选择上与普通本科无显著差别，通过对收入差距进行布朗分解后发现，成人高等教育与普通高等教育的收入差距绝大部分来源于职业内部的收入差异，来源于职业间的收入差异较小；（4）笔者还将成人高等教育的回报与同样注重技能提升的培训的回报进行比较，发现培训的收入回报大于成人专科，但小于成人本科；（5）另外，成人高等教育相比于普通高等教育的收入差距存在一定的异质性，与男性相比，女性中成人专科相比于普通专科的收入劣势较高，与东部地区相比，成人高等教育相比于普通高等教育在中西部地区的收入劣势较低。

最后，我们使用CHIP2007年的外来务工人员数据系统地研究了培训对个人工资收入的影响。我们考虑了培训的内生性问题，基于匹配后的样本，采用了OLS、代理变量和工具变量的方法，充分验证了我们结果的稳健性。本部分的主要发现有：（1）职业培训可以显著提高外来务工人员的工资收入5.2%左右；（2）不同的培训类型、培训时长、培训费用由谁承担都会对收入产生差异化的影响，其中，与工作技能相关的培训或其他培训、培训时间大于90天的正规培训，以及自费参与的培训对个人收入的正向影响较大；（3）当外来务工者为办事人员、服务业人员和生产运输人员，参与培训会显著提高其收入水平；（4）此外，在第一二产业和第三产业中的服务业中，相比于未参与培训者，培训参与者的收入显著更高。

7.2 政策建议

整体而言，教育在促进人力资本积累方面具有不容忽视的作用，而更高的人力资本不仅有提高居民收入的重要作用（正如本书所发现的），还是保证我国经济长期稳定、可持续发展的不可或缺的因素。因此，我国政府应继续出台相关政策、制定更加有效的制度措施和改革方法促进我国教育事业的健康发展，如选择更有效的公共教育支出政策、提高教育资源的配置效率、加大教育投资等；学校应紧跟时代的发展，制定和实行有效的措施进行教育改革，从而全面提升办学质量，如完善学校课程管理、开设实践课程、加强师资队伍建设等；个人应根据自身的需求和未来发展的需要，选择更有效的教育类型来促进自身的提高和人力资本的积累。

根据本书的研究问题和结论，在此，本书将进一步提出有针对性的政策建议。首先，由于近年来，在全球经济、文化加速一体化的背景下，出国留学热持续升温。本书在第3章对出国留学经历在我国劳动力市场的经济价值进行了深入的剖析，具有很强的现实意义：（1）我们发现，研究生"海归"通过海外研究生教育获得的人力资本高于本土研究生。较高的人力资本将为社会经济发展提供助力，因此政府出台的鼓励出国留学的相关政策是具有深远意义的。（2）中国留学生在学成后决定是否回国在一定程度上源于国内的经济机会（Zweig et al.，2004；Zweig，2006），而本书发现研究生"海归"的收入显著更高，这将在一定程度上鼓励他们学成回国，这与政府引导智力回流的目标相一致。（3）由于出国留学意味着家庭需支付高昂的费用，而我们发现研究生"海归"在各方面具有巨大优势，但本科"海归"没有优势，这将对中国学生是否选择出国留学，以及在什么阶段留学提供了一定的参考。

其次，人才的培养离不开第一课堂与第二课堂的有机结合，第二课堂具有第一课堂无法替代的价值。本书在第4章详细探讨了高校第二课堂（社团参与和社团干部）对大学毕业生起薪的影响以及作用机制，为精确制定相关政策引导大学生的发展提供了参考：（1）由于较高的人力资本不仅可以促进个人收入的提高，还是保证国家经济长期发展的重要因素，第二课堂在促进人力资本积累方面也具有显著的正向作用，所以我国实行的"第二课堂成绩单"制度具有重要的现实意义，我国政府应督促和监督全国高校，保障此制度在全国高校的尽早顺利推行；并且，建议我国政府将"第二课堂成绩单"制度也纳入初等教育和中等教育中，以便更好地发挥第二课堂在学生培养方面的作用。（2）各高校应加紧对"第二课堂"的建设，并且建议各高校成立相关部门，以便根据学生发展的需求推荐第二课堂的参与类型、时间和数量等，合理引导大学生参与第二课堂，使得第二课堂发挥出最大的作用。（3）学生、家长、学校等各方面不仅应强调和重视第二课堂的作用，还应理性对待第二课堂，尤其是大学生应该根据市场和自身需求选择第二课堂的参与类型、数量和时间等，不要因盲目跟风而导致社团参与数量过多或与自身发展关联性较低。

再次，本书在第5章对成人高等教育在我国劳动力市场的经济价值进行了深入的剖析，为成人高等学历的市场回报提供经验证据，为政府制定相关政策、高校进行教育改革以及社会大众做出教育决策提供一定的参考，具有很强的现实意义：（1）我国应立足"终身学习"的基本理念，加强终身教育立法，完善相关制度，保障终身教育体系的有效构建，促进全体社会成员终身学习。这将不仅有利于居民的人力资本积累和收入提高，还将在长期内促进我国经济的稳定发展。（2）目前，相比于普通高等教育，成人高等教育的教育质量较低，因此政府应出台相关政策提高成人教育的办学质量。例如，按照普通高等教育的要求培养成人学生，或借鉴美国等发达国家的做法，通过学分制等方法将成人学生与一般学生放入同一课堂，学位授予上采用同一标准。（3）对于成人院校而言，需要增强整体自我办学实力，加强师资队伍建设，全面提升成人教育质量，增强成人教育的市场竞争力。此外，成人教育院校应结合社会的实际需要优化改革，如通过校企合作的模式，以社会实际需要为导向，进行专业设置、课程设置以及教学设置，培养专业型、技能型、实用型人才，使其在专业素质建设上符合社会人才标准，提高成人群体的专业技能和工作能力的适用性。（4）由于成人高等教育意味着个人需支付一定的费用，而我们发现成人高等教育（本科和专科）会带来一定的收入回报，且成人本科的教育回报高于成人专科，这将对个人选择是否参加继续教育以及选择什么类型的成人教育给予一定的参考。

最后，由于近年来，外来务工人员持续增加，提升他们的素质状况直接关系到中国产业的素质和竞争力。本书对职业培训经历在我国劳动力市场的经济价值进行了深入的剖析，具有很强的现实意义：（1）我们发现，在外来务工人员中，培训可以提高个人的人力资本、增加工资收入。由于较高的人力资本将为社会经济发展提供助力，因此政府出台的鼓励职业培训的相关政策是具有深远意义的。（2）在各方主导的培训中，现任雇主和自费承担的培训对外来务工人员的收入促进作用显著，因此，企业可以普及对外来务工人员的职业培训，而外来务工人员也可以根据自身需求选择培训项目，这将有助于提高个人的人力资本，进而提高收入；然而，我们发现政府主导的培训并没有对个人收入的显著正向影响，政府在培训时，应注重对被培训群体的需求，提供更具针对性的培训。（3）由于职业培训意味着个人、企业或政府需支付费用，而我们发现不同职业培训类型的效果存在差异，这将对个人选择是否参与培训、参与什么类型的培训以及政府或单位提供什么类型的培训给予一定的参考。

7.3　研究的不足和研究展望

本书仍存在一些不足，将在后续的研究中进一步完善。首先，从数据上说，本书研究"海归"问题时，使用的是中国家庭金融调查2017年的数据，在后续的研究中，我们希望可以利用更新的数据进行研究，类似的问题也存在于本书对高校第二课堂问题的研究中。此外，在研究成人高等教育问题时，我们使用的收入指标均以年为单位，且高校第二课堂中的收入指标是以月为单位，这些收入指标忽略了总工资与小时工资的差异，没有将个人的劳动供给考虑在内。因此，在后续的研究中，我们可以运用数据量更大的微观调查数据，以及更精准的个人收入数据。

其次，本书主要关注了教育对个人收入的影响，对其他劳动力市场表现的影响并未涉及，比如劳动力市场参与率、就业率、过度教育率以及是否创业等等。同时，本书只选取了四种教育经历——留学教育、高校第二课堂、成人高等教育和职业培训，但教育经历远不止这些。受限于本书的篇幅，对于其他同样具有重要意义的相关问题并未进一步展开。因此，在今后的研究中，文章的内容也可以做进一步完善，比如，中学的学生干部经历对个人未来的就业和收入的影响如何，"海归"是否更容易创业或工作、与专业的匹配度是否更高，等等。对这些问题的更进一步的研究将有利于深入了解我国的教育回报问题，从而更有效地制定相关政策或教育改革计划，进而提高居民收入和促进我国经济持续、稳定发展。

最后，在对"海归"的研究中，限于数据，本书并没有考虑在出国留学群体中选择不回国的样本，这可能导致我们的估计结果会被高估或低估。在"海归"和成人高等教育的研究中，就读于不同专业对个人收入的影响会较大，例如，就读的专业方向若为我国较短缺的技术类专业，那么毕业后可获得的收入将会更高，等等。这些均是我们未来进一步研究的方向。

参 考 文 献

中文文献

[1] 车文辉. 回顾与前瞻: 中国的成人教育与人力资源开发 [J]. 人口学刊, 2004 (5): 60-65.

[2] 程萍, 刘兵, 谢佳春, 等. 农村劳动力转移培训效应评估 [J]. 数理统计与管理, 2015, 34 (1): 100-108.

[3] 崔盛, 吴秋翔. 信号识别还是能力提升: 高校学生干部就业影响机制研究 [J]. 北京大学教育评论, 2018, 16 (1): 138-158; 191.

[4] 侯风云. 中国农村人力资本收益率研究 [J]. 经济研究, 2004 (12): 75-84.

[5] 蒋承, 金文旺, 张翼. 高校学生社会性参与对就业起薪的影响——基于问卷调查的实证研究 [J]. 教育与经济, 2018 (3): 82-88.

[6] 金生鈜. 成人教育与公民素质的培养——对成人教育目的的哲学思考 [J]. 教育研究, 2002 (11): 46-50.

[7] 李宝值, 杨良山, 黄河啸, 等. 新型职业农民培训的收入效应及其差异分析 [J]. 农业技术经济, 2019 (2): 135-144.

[8] 李静, 谢丽君, 李红. 农民培训工程的政策效果评估——基于宁夏农户固定观察点数据的实证检验 [J]. 农业技术经济, 2013 (3): 26-35.

[9] 李平, 许家云. 基于国际人力资本流动视角的中印技术创新模式比较研究 [J]. 中国人口科学, 2011a (3): 54-63; 112.

[10] 李平, 许家云. 国际智力回流的技术扩散效应研究——基于中国地区差异及门槛回归的实证分析 [J]. 经济学 (季刊), 2011b, 10 (3): 935-964.

[11] 李实，宋锦，刘小川．中国城镇职工性别工资差距的演变［J］．管理世界，2014（3）：53-65；187.

[12] 刘国斌，周修宇．成人教育是推动吉林省县域经济发展的助力器［J］．人口学刊，2008（5）：43-47.

[13] 刘青，张超，吕若思，等．"海归"创业经营业绩是否更优：来自中国民营企业的证据［J］．世界经济，2013，36（12）：70-89.

[14] 罗党论，佘国满，陈杰．经济增长业绩与地方官员晋升的关联性再审视——新理论和基于地级市数据的新证据［J］．经济学（季刊），2015，14（3）：1145-1172.

[15] 罗思平，于永达．技术转移、"海归"与企业技术创新——基于中国光伏产业的实证研究［J］．管理世界，2012（11）：124-132.

[16] 孙志军．基于双胞胎数据的教育收益率估计［J］．经济学（季刊），2014，13（3）：1001-1020.

[17] 王德文，蔡昉，张国庆．农村迁移劳动力就业与工资决定：教育与培训的重要性［J］．经济学（季刊），2008，7（4）：28-45.

[18] 王海港，黄少安，李琴，等．职业技能培训对农村居民非农收入的影响［J］．经济研究，2009，44（9）：128-139；151.

[19] 王海港，李实，刘京军．城镇居民教育收益率的地区差异及其解释［J］．经济研究，2007（8）：73-81.

[20] 王辉耀．国家战略——人才改变世界［M］．北京：人民出版社，2010.

[21] 王美艳．中国城市劳动力市场上的性别工资差异［J］．经济研究，2005（12）：35-44.

[22] 翁杰．政府对农村转移劳动力人力资本投资的效果评估——来自浙江省杭州市制造业的调查［J］．中国人口科学，2012（6）：93-101；112.

[23] 翁杰，郭天航．中国农村转移劳动力需要什么样的政府培训？——基于培训效果的视角［J］．中国软科学，2014（4）：73-82.

[24] 谢国东．国际成人教育共识与我国成人教育的改革和发展［J］．教育研究，2013，34（4）：70-75；81.

[25] 许家云，刘廷华，李平．海外留学经历是否提高了个人收入？［J］．经济科学，2014（1）：90-101.

[26] 许昆鹏，黄祖辉，贾驰．农村劳动力转移培训的市场机制分析及政策启示［J］．中国人口科学，2007（2）：25-33；95.

[27] 许玲丽，冯帅章，陈小龙．成人高等教育的工资效应［J］．经济研究，2008，43（12）：100-110.

[28] 杨河清，陈怡安．海归回流：知识溢出及门槛效应——基于中国的实证检

验［J］. 人口研究，2013，37（5）：91-102.

［29］ 杨娟，DÉMURGER S，李实. 中国城镇不同所有制企业职工收入差距的变化趋势［J］. 经济学（季刊），2012，11（1）：289-308.

［30］ 姚洋，张牧扬. 官员绩效与晋升锦标赛——来自城市数据的证据［J］. 经济研究，2013，48（1）：137-150.

［31］ 余秀兰. 略论教育消费［J］. 高等教育研究，2000（3）：49-52.

［32］ 岳昌君，陈昭志. "211"高校本科毕业生的就业起薪分析［J］. 北京大学教育评论，2015，13（3）：143-157.

［33］ 岳昌君，文东茅，丁小浩. 求职与起薪：高校毕业生就业竞争力的实证分析［J］. 管理世界，2004（11）：53-61.

［34］ 赵德昭，耿之斌. "授人以渔"有效吗？——农民工职业培训的工资效应检验［J］. 财经研究，2020，46（8）：34-48.

［35］ 周闯，沈笑笑. 政府培训对农民工就业质量的影响研究［J］. 数理统计与管理，2021，40（4）：692-704.

［36］ 朱敏，许家云. 海外人才回流与FDI技术溢出——地区差异及影响因素的实证分析［J］. 科学学研究，2013，31（11）：1663-1670.

［37］ ALBU N，CALU D A，GUE G R. The role of accounting internships in preparing students' transition from school to active life ［J］. Accounting and Management Information Systems，2016（1）：131-153.

［38］ ANDERSON M L，LU F. Learning to manage and managing to learn：the effects of student leadership service ［J］. Management Science，2017，63（10）：3246-3261.

［39］ ANGRIST J D，IMBENS G W，RUBIN D B. Identification and causal effects using instrumental variables ［J］. Journal of the American Statistical Association，1996，91：444-455.

［40］ ASHENFEILTER O，KRUEGER A. Estimates of the economic returns to schooling from a new sample of twins ［J］. American Economic Review，1994，84（5）：1157-1173.

［41］ ASHENFEILTER O，ROUSE C. Income，schooling，and ability：evidence from a new sample of identical twins ［J］. Quarterly Journal of Economics，1998，113（1）：253-284.

［42］ BALL R，CHIK R. Early employment outcomes of home and foreign educated graduates-the malaysian experience ［J］. Higher Education，2001，42（2）：171-189.

［43］ BARRON J M，EWING B，WADDELL G. The effects of high school athletic participation on education and labor market outcomes [J]. Review of Economics and Statistics, 2000, 82 (3): 409-421.

[44] BECKER G S.Underinvestment in college education? [J]. American Economic Review, 1960, 50: 346-354.

[45] BECKER G S.Human capital: a theoretical and empirical analysis, with special reference to education [M]. New York: Columbia University Press, 1964.

[46] BENNION A, SCESA A, WILLAMS R. The benefits of part-time undergraduate study and UK higher education policy: a literature review [J]. Higher Education Quarterly, 2011, 65: 145-163.

[47] BLACKBURN M K, NEUMARK D.Unobserved ability, efficiency wages, and interindustry wage differentials [J]. Quarterly Journal of Economics, 1992, 107 (4): 1421-1436.

[48] BLANDEN J, BUSCHA F, STURGIS P, et al. P. Measuring the earnings returns to lifelong learning in the UK [J]. Economics of Education Review, 2012, 31 (4): 501-514.

[49] BLUNDELL R, DEARDEN L, GOODMAN A, et al. The returns to higher education in Britain: evidence from a British cohort [J]. Economic Journal, 2000, 110 (461): F82-F99.

[50] BLUNDELL R, DEARDEN L, MEGHIR C, et al.Human capital investment: the returns from education and training to the individual, the firm and the economy [J]. Fiscal Studies, 1999, 20 (1): 1-23.

[51] BONJOUR D, CHERKAS L F, HASKEL J E, et al. Returns to education: evidence from U.K.twins [J]. American Economic Review, 2003, 93 (5): 1799-1812.

[52] BOOTH A, BRYAN M.Testing some predictions of human capital theory: new training evidence from Britain [J]. Review of Economics and Statistics, 2005, 87 (2): 391-394.

[53] BREWER D J, EIDE E R, EHRENBERG R G.Does it pay to attend an elite private college? cross-cohort evidence on the effects of college type on earnings [J]. Journal of Human Resources, 1999, 34 (1): 104-123.

[54] BROH B A.Linking extracurricular programming to academic achievement: who benefits and why? [J]. Sociology of Education, 2002, 75: 69-91.

[55] BUDRIA S, PEREIRA P T.The wage effects of training in portugal: differences across skill groups, genders, sectors and training types [J]. Applied Economics, 2007, 39 (6): 787-807.

[56] CASTAÑO-MUÑOZ J, CARNOY M, DUART J M. Estimating the economic payoff to virtual university education: a case study of the open university of Catalonia [J]. Higher Education, 2016, 72（1）: 1-24.

[57] CUFFE H E, WADDELL G R, BIGNELL W. Can school sports refuce racial gaps in truancy and achievement? [J]. Economic Inquiry, 2017, 55（4）: 1966-1985.

[58] DAI O, LIU X. Returnee entrepreneurs and firm performance in Chinese high-technology industries [J]. International Business Review, 2009, 18（4）: 373-386.

[59] DARLING N. Participation in extracurricular activities and adolescent adjustment: cross-sectional and longitudinal findings [J]. Journal of Youth and Adolescence, 2005, 34: 493-505.

[60] DENISON E F. The sources of economic growth in the United States and the alternatives before us [M]. New York: Committee for Economic Development, 1962.

[61] DOTTERER A M, MCHALE S M, CROUTER A C. Implications of out-of-school activities for school engagement in African American adolescents [J]. Journal of Youth and Adolescence, 2007, 36: 391-401.

[62] EIDE E R, RONAN N. Is participation in high school athletics an investment or a consumption good? [J]. Economics of Education Review, 2001, 20 (5): 431-442.

[63] EWING B T. The labor market effects of high school athletic participation [J]. Journal of Sports Economics, 2007, 8: 255-65.

[64] FABRICANT S. Basic facts on productivity change [M]. New York: National Bureau of Economic Research, 1959.

[65] FELDMAN A F, MATJASKO J L. Recent advances in research on school-based extracurricular activities and adolescent development [J]. Developmental Review, 2012, 32（1）: 1-48.

[67] GOODE R B. Adding to the stock of physical and human capital [J]. American Economic Review, 1959, 49（2）: 147-155.

[68] GRANOVETTER M. Getting a job: a study of contacts and careers, cambridge [M]. MA: Harvard University Press, 1974.

[69] GUEST A M, MCREE N. A school-level analysis of adolescent extracurricular activity, delinquency, and depression: the importance of situational context [J]. Journal of Youth and Adolescence, 2009, 38: 51-62.

[70] HÄLLSTEN M. Is it ever too late to study? the economic returns on late tertiary degrees in Sweden [J]. Economics of Education Review, 2012, 31: 179-194.

[71] HANKS M, ECKLAND B. Athletics and social participation in the educational attainment process [J]. Sociology of Education, 1976, 49: 271-294.

[72] HECKMAN J J. Sample selection bias as a specification error [J]. Econometorica, 1979, 47 (1): 153-161.

[73] HENDERSON D J, POLACHEK S, WANG L. Heterogeneity in schooling rates of return [J]. Economics of Education Review, 2011, 30 (6): 1202-1214.

[74] HENDERSON D J, OLBRECHT A, POLACHEK S W. Do former college athletes earn more at work? a nonparametric assessment [J]. Journal of Human Resources, 2006, 41 (3): 558-577.

[75] HO D E, IMAI K, KING G, et al. Matching as nonparametric preprocessing for reducing model dependence in parametric causal inference [J]. Political Analysis, 2007, 15 (3): 199-236.

[76] HOLMLUND B, LIU Q, SKANS O N. Mind the gap? estimating the effects of postponing higher education [J]. Oxford Economic Papers, 2008, 60 (4): 683-710.

[77] HWANG S, FELTZ D L, KIETZMANN L A, et al. Sport involvement and educational outcomes of high school students: a longitudinal study [J]. Youth & Society, 2016, 48 (6): 763-785.

[78] IMBENS G W, WOOLDRIDGE J M. Recent developments in the econometrics of program evaluation [J]. Journal of Economic Literature, 2009, 47 (1): 5-86.

[79] ISACSSON G. Estimating the economic return to educational levels using data on twins [J]. Journal of Applied Econometrics, 2004, 19 (1): 99-119.

[80] JACOBSON L, LALONDE R, SULLIVAN D G. Estimating the returns to community college schooling for displaced workers [J]. Journal of Econometrics, 2005, 125 (1-2): 271-304.

[81] JAMIESON A, SABATES R, WOODLEY A, et al. The benefits of higher education study for part-time students [J]. Studies in Higher Education, 2009, 34 (3): 245-262.

[82] JEPSEN C, TROSKE K, COOMES P. The labor-market returns to community college degrees, diplomas, and certificates [J]. Journal of Labor Economics,

2014, 32 (1): 95-121.

[83] JONKERS K, TIJSSENM R. Chinese researchers returning home: impacts of international mobility on research collaboration and scientific productivity [J]. Scientometrics, 2008, 77 (2): 309-333.

[84] KANE T J, ROUSE C E. Labor market returns to two-and-four year college [J]. American Economic Review, 1995, 85 (3): 600-614.

[85] KENNEY M, DAN B, MURPHREE M. Coming back home after the sun rises: returnee entrepreneurs and growth of high tech industries [J]. Research Policy, 2013, 42 (2): 391-407.

[86] KOSTEAS V D. High school clubs participation and future supervisory status [J]. British Journal of Industrial Relations, 2011, 49: s181-s206.

[87] KUHN P, WEINBERGER C. Leadership skills and wages [J]. Journal of Labor Economics, 2005, 23 (3): 395-436.

[88] LARSON R W, HANSEN D M, MONETA G. Differing profiles of developmental experiences across types of organized youth activities [J]. Developmental Psychology, 2006, 42: 849-863.

[89] LEE K H. Screening, ability, and the productivity of education in Malaysia [J]. Economics Letters, 1980, 5 (80): 189-193.

[90] LEIGH D E, GILL A M. Labour market returns to community colleges: evidence for returning adults [J]. Journal of Human Resources, 1997, 32 (2): 334-353.

[91] LEUNG D, KEMBER D. The influence of the parttime study experience on the development of generic capabilities [J]. Journal of Further and Higher Education, 2005, 29 (2): 91-101.

[92] LEUVEN E, OSTERBEEK H. An alternative approach to estimate the wage returns to private-sector training [J]. Journal of Applied Econometrics, 2008, 23 (4): 423-434.

[93] LI H. Economic transition and returns to education in China [J]. Economics of Education Review, 2003, 22 (3): 317-328.

[94] LI H, LUO Y. Reporting errors, ability heterogeneity, and returns to schooling in China [J]. Pacific Economic Review, 2004, 9 (3): 191-207.

[95] LI H, ZHANG Y, LI Y, et al. Returnees versus locals: who perform better in China's technology entrepreneurship? [J]. Strategic Entrepreneurship Journal, 2012, 6 (6): 257-272.

[96] LIANOS T P, ASTERIOU D, AGIOMIRGIANAKIS G M. Foreign university

graduates in the greek labour market: employment, salaries and overeducation [J]. International Journal of Finance & Economics, 2004, 9 (2): 151-164.

[97] LINDSAY P.High school size, participation in activities, and young adult social particination: some enduring effects of schooling [J]. Educational Evaluation and Policy Analysis, 1984, 6 (1): 73-83.

[98] LINVILLE D C, HUEBNER A J.The analysis of extracurricular activities and their relationship to youth violence [J]. Journal of Youth and Adolescence, 2005, 34: 483-492.

[99] LIU X, LU J, FILATOTCHEV I, et al.Returnee entrepreneurs, knowledge spillovers and innovation in high-tech firms in emerging economies [J]. Journal of International Business Studies, 2010, 41 (7): 1183-1197.

[100] LLERAS C.Do skills and behaviors in high school matter? the contribution of noncognitive factors in explaining differences in educational attainment and earnings [J]. Social Science Research, 2008, 37: 888-902.

[101] LONG J E, CAUDILL S B.The impact of participation in intercollegiate athletics on income and graduation [J]. Review of Economics & Statistics, 1991, 73 (3): 525-531.

[102] MAHONEY J L.School extracurricular activity participation as a moderator in the development of antisocial patterns [J]. Child Development, 2000, 71: 502-516.

[103] MARCUS R D.Measuring the Rate of return to interrupted schooling [J]. Journal of Educational Statistics, 1984, 9 (4): 295-310.

[104] MARSH H, KLEITMAN S.School athletic participation: mostly gain with little pain [J]. Journal of Sport and Exercise Psychology, 2003, 25: 205-229.

[105] MARTIN J P.What works among active labor market policies: evidence from OECD countries' experience [J]. OECD Economic Studies, 2000, 30 (1): 79-113.

[106] MARTINS P S, PEREIRA P T.Does education reduce wage inequality? quantile regression evidence from 16 countries [J]. Labour Economics, 2004, 11 (3): 355-371.

[107] MCHALE J P, VINDEN P G, BUSH L, et al.Patterns of personal and social adjustment among sport-involved and noninvolved urban middle-school children [J]. Sociology of Sport Journal, 2005, 22: 119-136.

[108] MCNEAL R B.Extracurricular activities and high school dropouts [J].

Sociology of Education, 1995, 68 (1): 62-80.

[109] MCNEAL R B. Participation in high school extracurricular activities: investigating school effects [J]. Social Science Quarterly, 1999, 80: 291-309.

[110] MELNICK M J, VANFOSSEN B E, SABO D F. Developmental effects of athletic participation among high school girls [J]. Sociology of Sport Journal, 1988, 5: 22-36.

[111] MENG X, GREGORY R. Exploring the impact of interrupted education on earnings: the educational cost of the Chinese cultural revolution [J]. Social Science Electronic Publishing, 2007, 17 (4): 671-693.

[112] MILLER P, MULVEY C, MARTIN N.The return to schooling: estimates from a sample of young Australian twins [J]. Labour Economics, 2006, 13 (5): 571-587.

[113] MINCER J.Schooling, experience, and earnings [M]. New York: Columbia University Press, 1974.

[114] MINCER J.Investment in human capital and personal income distribution [J]. Journal of Political Economy, 1958, 66 (4): 281-302.

[115] NADERI A, MACE J.Education and earnings: a multilevel analysis: a case study of the manufacturing sector in Iran [J]. Economics of Education Review, 2003, 22 (2): 143-156.

[116] NIVOROZHKIN A, NIVOROZHKIN E. Do government sponsored vocational training programmes help the unemployed find jobs? Evidence from Russia [J]. Applied Economics Letters, 2007, 14 (1): 5-10.

[117] OLBRECHT A.Do academically deficient scholarship athletes earn higher wages subsequent to graduation? [J]. Economics of Education Review, 2009 (5): 611-619.

[118] OOSTERBEEK H, WEBBINK D. Does studying abroad induce brain - drain? [J]. Economica, 2011, 78: 347-366.

[119] OTTO L B, ALWIN D F. Athletics, aspirations, and attainments [J]. Sociology of Education, 1977, 42: 102-113.

[120] RICKWOOD P, GOODWIN V. Travellers' tales: reflections on the way to learner autonomy [J]. Open Learning, 2000, 15 (1): 47-55.

[121] ROMER P M.Increasing returns and long-run growth [J]. Journal of Political Economy, 1986, 94 (5): 1002-1037.

[122] ROSEN S, ZWEIG D.Transnational capital: valuing academic returnees in a

globalizing China [J]. Fudan Education Forum, 2004.

[123] SCHAFER W E.Participation in interscholastic athletics and delinquency: a preliminary study [J]. Social Problems, 1969, 17: 40-47.

[124] SCHOELLMAN T.Education quality and development accounting [J]. Review of Economic Studies, 2012, 3 (1): 133-175.

[125] SCHREIBER J B, CHAMBERS E A.After-school pursuits, ethnicity, and achievement for 8th-and 10th-grade students [J]. Journal of Educational Research, 2002, 96: 90-100.

[126] SCHULTZ T W.Investment in human capital [J]. American Economic Review, 1961, 51 (1): 1-17.

[127] SCHULTZ T W.The economic value of education [M]. New York: Columbia University Press, 1963.

[128] SCHWERDT G, MESSER D, WOESSMANN L, et al.The impact of an adult education voucher program: evidence from a randomized field experiment [J]. Journal of Public Economics, 2012, 96 (7-8): 569-583.

[129] SHIN J C, JUNG J, POSTIGLIONE G A, et al. Research productivity of returnees from study abroad in Korea, Hong Kong, and Malaysia [J]. Minerva, 2014, 52 (4): 467-487.

[130] SLAVIN R E, MADDEN N A.School practices that improve race relations [J]. American Educational Research Journal, 1979, 16: 169-180.

[131] SMITH A L.Peer relationships in physical activity contexts: a road less traveled in youth sport and exercise psychology research [J]. Psychology of Sport and Exercise, 2003, 4: 25-39.

[132] SPENCE M.Job market signalling [J]. Quarterly Journal of Economics, 1973, 87 (3): 355-379.

[133] SPENCE M.Signaling in Retrospect and the informational structure of markets [J]. American Economic Review, 2002, 92 (3): 434-459.

[134] STENBERG A. Using longitudinal data to evaluate publicly provided formal education for low skilled [J]. Economics of Education Review, 2011, 30 (6): 1262-1280.

[135] STENBERG A, WESTERLUND O.Does comprehensive education work for the long-term unemployed? [J]. Labour Economics, 2008, 15 (1): 54-67.

[136] STENBERG A, DE LUNA X, WESTERLUND O.Can adult education delay retirement from the labour market? [J]. Journal of Population Economics, 2012, 25 (2): 677-696.

[137] STEVENSON B. Beyond the classroom: using title ix to measure the return to high school sports [J]. Review of Economics and Statistics, 2010, 92: 284-301.

[138] STOREN L A, WIERS - JENSSEN J. Foreign diploma versus immigrant background: determinants of labour market success or failure? [J]. Journal of Studies in International Education, 2010, 14 (1): 29-49.

[139] TRACY A J, ERKUT S. Gender and race patterns in the pathways from sports participation to self - esteem [J]. Sociological Perspectives, 2002, 45: 445-466.

[140] WEISS A. Human capital vs. signalling explanations of wages [J]. Journal of Economic Perspectives, 1995, 9 (4): 133-154.

[141] WIERS - JENSSEN J. Background and employability of mobile vs. non - mobile students [J]. Tertiary Education & Management, 2011, 17 (2): 79-100.

[142] WIERS-JENSSEN J. Degree mobility from the nordic countries background and employability [J]. Journal of Studies in International Education, 2012, 17 (17): 471-491.

[143] WIERS-JENSSEN J, SVERRE T. Labour market outcomes of higher education undertaken abroad [J]. Studies in Higher Education, 2005, 30 (6): 681-705.

[144] WOODLEY A, WILSON J. British higher education and its older clients [J]. Higher Education, 2002, 44: 329-347.

[145] WOLF A, JENKINS A, VIGNOLES A. Certifying the workforce: economic imperative or failed social policy? [J]. Journal of Education Policy, 2006, 21 (5): 535-565.

[146] YANG D T. Education and allocative efficiency: household income growth during rural reforms in China [J]. Journal of Development Economics, 2004, 74 (1): 137-162.

[147] ZHAO Y. Earnings differentials between state and non - state enterprises in urban China [J]. Pacific Economic Review, 2002, 7 (1): 181-197.

[148] ZWEIG D. Competing for talent: China's strategies to reverse the brain drain [J]. International Labour Review, 2006, 145 (1-2): 65-90.

[149] ZWEIG D, CHEN C, ROSEN S. Globalization and transnational human capital: overseas and returnee scholars to China [J]. China Quarterly, 2004, 179 (179): 735-757.

索引

教育回报—2，3，6，7，10，12，15-17，27，29，68，69，101，103，104，111，120，122，123，126，128，130，150，154，156

人力资本—2，3，5-7，10-15，18，22-25，29-31，33，35，44，49-52，56，59，63，64，66-70，72，73，78，79，81，85-88，90-92，98，99，101，103，108，113-116，119，128-131，143，145，148-155

"海归"—6，19-22，33-38，40-52，54，56-64，139，150，151，153，155，156

社团参与—5-7，9，11，23，25，66-71，73-75，77-99，150，151，153，154

成人高等教育—5，7-11，27，100，101，103-109，111-114，116，118，119-130，150-152，154-156